도시 농부의
화분 텃밭
37

도시농부의
화분 텃밭 37

ⓒ 쑥쑥크리, 2023

초판 1쇄 인쇄일 2023년 4월 24일
초판 1쇄 발행일 2023년 4월 28일

지은이 쑥쑥크리
펴낸이 김지영   펴낸곳 지브레인^{Gbrain}
편 집 김현주
제작 · 관리 김동영   마케팅 조명구

출판등록 2001년 7월 3일 제2005-000022호
주소 04021 서울시 마포구 월드컵로7길 88 2층
전화 (02)2648-7224   팩스 (02)2654-7696

ISBN 978-89-5979-780-6(13690)

도시 농부의
화분 텃밭
37

쑥쑥크리 지음

해든아침

화분 텃밭은 옥상을 이용해 직접 씨앗을 뿌려 가꾸며 수확할 수 있는 채소를 소개하고 있다. 가족과 이웃들이 나누어 먹을 수 있을 만큼 소량 재배하며 반려식물을 돌보는 즐거움과 보람도 느낄 수 있다.

농사는 씨뿌리고 가꾸고 수확하면 되는 단순한 일 같아 보이지만 살아 있는 생명체이기에 식물에 대한 지식과 정성을 필요로 한다.

화분 텃밭은 작은 마당에서 가꿀 수 있는 작물과 그 작물을 잘 키울 수 있는 토양 준비, 씨앗부터 시작하는 모종 키우기, 씨뿌리기, 모종 심기, 작물에 대한 관리법, 텃밭에 맞는 적절한 작물의 재배시기와 방법을 소개하고 있다.

씨앗에서 초록의 작은 새싹이 탄생하는 순간은 언제나 설렘이 가득하다. 짧게는 30일부터 길게는 9개월에 걸쳐 다양한 즐거움을 누리는 동안 어느새 수확이라는 결실로 돌아오게 된다.

유튜브를 통해 작물의 전체적 성장 과정을 볼 수 있으니 참고해 볼 수 있다.

이제 가족과 함께 즐기는 풍성한 식탁을 위한 작물 재배에 도전해보자.

목차

화분 텃밭 시작을
위한 기초 지식

화분 텃밭의 매력

현대 사회는 기후 온난화와 기후 변화로 생태계가 빠르게 변화하고 있다. 그리고 그 영향으로 일상생활에서 거의 필수에 가까운 채소들의 작황이 불규칙적이다. 금상추, 금파, 금배추, 금고추 등 어떤 채소가 금값이 될지 아무도 예상할 수 없다.

우리의 삶에서 채소는 매우 중요하다. 고기를 먹어도 쌈야채가 필요하고, 식생활에서 김치는 기본 반찬이며 한국인은 매운 고추를 열렬하게 사랑한다. 그런데 이 모든 것이 돈이다. 그래서 한 번 정도는 화분에 채소를 키우며 식집사 겸 비용 절감을 꿈꾸게 된다.

또는 취미나 건강, 귀농을 꿈꾸며 먹고 싶은 채소를 키워보았을 것이다.

그런데 채소는 씨앗을 뿌린다고 해서 풍성하게 자라는 식물이 아니다. 채소 역시 정성과 노력을 요구한다. 무엇보다 키울 공간에 따라 채소 종류를 선택해야 눈으로 즐기고 입으로 맛볼 수 있는 채소를 수확할 수 있다.

《도시 농부의 화분 텃밭 37》은 도시에서 채소를 키우고 싶은 사람들에게 제한된 공간에서 효율적으로 키울 수 있는 방법을 알려주는 것이 목적이다. 그래서 몇 년 동안 옥상과 집안 일부 공간에서 다양한 채소와 과일을 키우면서 알게 된 노하우와 방법들을 소개할 것이다.

작은 옥상에서도 화분으로 농장 부럽지 않은 식생활이 가능했던 화분 텃밭의 경험을 소개하는 것인 만큼 마트에서 사온 채소부터 씨앗으로 키우는 채소까지 다양한 화분 텃밭의 세계를 만나보길 바란다.

옥상 텃밭의 장점

1 최대 장점은 거주하는 집 바로 위에 있기 때문에 아주 가깝다.
2 옥상에는 대부분 간단한 수도 시설이 있어 물 공급이 원활하다.
3 잡초가 거의 없다.
4 깨끗한 먹거리를 수확할 수 있다.
5 계절의 변화와 수확의 기쁨을 누리는 식집사 체험이 가능하다.

옥상 텃밭의 단점

1 농작물을 재배하고 남은 각종 부산물을 처리해야 한다.
2 이사 시 많은 짐이 될 수 있다.
3 여름에는 작물 관리를 위해 장기 휴가는 포기해야 한다.

텃밭을 만들기 위한 준비물

재료는 인터넷 쇼핑몰에서 쉽게 구할 수 있다.

키우기 쉬운 상추부터 시작해서 경험을 쌓고 점점 재배 작물을 늘려가는 방법이 좋다.

다이소에 방문해 채소 세트를 구매하는 방법도 있다.

1. 씨앗과 모종

처음에는 쉽고 빨리 재배할 수 있는 잎채소 위주로 도전해 보는 것이 좋다.

상추나 부추, 치커리, 토마토, 고추, 시금치, 대파, 쪽파, 열무, 근대, 쑥갓, 아욱, 청경채 등은 비교적 작은 공간에서 키우기 쉬운 종류다.

처음부터 씨앗으로 키우는 것보다는 모종을 사서 심는 것을 추천한다.

2. 토양

흙은 통기성이 좋고 물기를 적당히 머금고 있으며 물 빠짐이 좋아야 한다. 일반적으로 밭흙 60%, 퇴비 30%, 모래 10%에 약간의 비료를 섞어서 사용한다.

가이닝 도구

분무기	처음 트레이에 씨앗을 파종하여 물을 뿌리거나, 해충약 등을 살포할 때 사용.
물뿌리개	식물에 물을 줄 때 사용.
물 호스	관리하는 식물이 많으면 물호스 사용 시 시간과 노동력을 아낄 수 있음.
모자	한 여름에 뜨거운 햇볕으로부터 보호해줌.
장갑	손을 보호하고, 물건이 미끄러지지 않도록 함. 다이소의 원예용 장갑 추천.
모종삽	흙을 섞고, 담고, 모종을 심을 때 사용.
원예가위	가지치기, 자르기, 수확할 때 사용.
작업방석	바닥에서 작업하는 경우가 많기 때문에 편안하게 작업할 수 있음.
지주대	토마토나 가지 등 줄기를 유인하고 쓰러지지 않도록 지지해줌.
집게	고추, 토마토, 수박, 참외 등 여러 가지 식물들의 줄기를 고정할 때 사용.
유인망	참외, 호박, 수세미 등 덩굴성 식물의 줄기를 유인할 때 사용.
네임픽	봄에 여러 가지 씨앗을 파종하면 모두 기억하지 못하기 때문에 파종 날짜와 식물의 이름을 적어 화분에 꽂아둠. 아이스크림 스틱도 사용 가능.

화분

심는 작물에 따라 화분의 크기를 고려하여 결정한다. 기본적으로 크고 넉넉해야 잘 자랄 수 있다. 옥상에서 키운다면 도자기나 토기는 한 겨울에 터져 버리는 일이 발생하니 목재로 된 방부목이나 싸고 가벼운 플라스틱 화분을 사용하는 것이 좋다.

화분은 관리가 쉽도록 같은 크기와 모양으로 구입하는 걸 추천한다.

여기에선 7.5ℓ, 15ℓ, 20ℓ, 28ℓ, 130ℓ 등 5가지 규격을 사용하며 화분은 크기가 크고 깊이가 깊을수록 채소가 튼튼하게 자라며 많은 수확량을 기대할 수 있다.

🪴 7.5ℓ : 잎채소 위주로 상추, 쑥갓, 청경채

주로 잎채소 용으로, 단독으로 키울 수 있는 채소에 적합하다.

🪴 15ℓ : 무, 오크라, 감자, 완두콩, 생강 등

흙이 적당히 들어가 가정에서 사용하기에 가볍고 유지비가 크게 들지 않아 좋다. 모든 작물을 키울 수 있지만, 모종을 심을 땐 넉넉한 사이즈처럼 보여도 식물이 성장하면 부족하다는 것을 느끼게 된다.

🪴 20ℓ : 옥수수, 수박, 참외, 호박, 토마토, 고추, 배추, 수세미, 잎들깨, 오이, 멜론 등

텃밭의 작물과 비슷한 수준까지 재배가 가능하다. 단점으로는 많은 양의 흙과 퇴비가 필요하기 때문에 더 많은 비용이 들고 공간 확보와 감당하기 힘든 무게의 증가를 경험하게 된다.

👑 28ℓ : 해바라기, 당근, 가지 등

모든 작물의 안정적 재배가 가능하다. 가장 큰 단점은 무게의 증가로 이동이 쉽지 않으며, 비용도 증가한다.

👑 130ℓ : 작물 재배와 함께 음식물 쓰레기나 텃밭의 부산물 처리용으로 이용하고 있다.

화분 용량 계산법

용량 계산은 정확한 용량과 차이가 있으므로 참고용으로만 사용하길 바란다.

화분 종류	흙 필요량 계산
원형 화분 (반지름(r) 4, 높이(h) 5)	$\dfrac{\text{반지름}(r) \times \text{반지름}(r) \times 3.14 \times \text{높이}(h)}{1000}$ 예 $\dfrac{4 \times 4 \times 3.14 \times 5}{1000} ≒ 0.25 \Rightarrow$ 약 0.25ℓ
육면체 화분 (가로 32, 세로 22, 높이(h) 20)	$\dfrac{\text{가로} \times \text{세로} \times \text{높이}(h)}{1000}$ 예 $\dfrac{32 \times 22 \times 20}{1000} ≒ 14 \Rightarrow$ 약 14ℓ
원뿔대 모양 화분 (윗변(r_1) 5, 높이(h) 15, 아랫변(r_2) 8)	$\dfrac{[\{(r_1 \times r_1)+(r_2 \times r_2)+(r_1 \times r_2)\} \times 3.14 \times \text{높이}(h)] \div 3}{1000}$ 예 $\dfrac{[\{(5 \times 5)+(8 \times 8)+(8 \times 5)\} \times 3.14 \times 15] \div 3}{1000} ≒ 2 \Rightarrow$ 약 2ℓ

※ 길이 기준단위: cm / 용량 기준단위: ℓ(리터)

14

퇴비를 만들어 쓰면 좋은 점

퇴비는 짚, 잡초, 낙엽 등을 일정기간 쌓아둔 후, 미생물 작용을 통해 유기물을 썩히고 발효시켜 만든다. 시중에서 판매되는 퇴비는 대부분 가축의 똥(우분, 돈분, 계분)이 함유되어 있으며 질소질 성분이 많다. 재배 전에 주는 밑거름과 키우는 과정에서 주는 웃거름으로 나누어 줄 수 있다.

퇴비

- 식물 뿌리에 닿아도 뿌리가 상하지 않는다.
- 적은 양이지만 20~30종의 양분이 골고루 포함되어 있다.
- 작물을 튼튼하게 키우기 위해 사용한다.
- 효과가 천천히 나타난다
- 수분을 넉넉히 보유하고 있다.

비옥한 토양

- 유기물이 증가한다.
- 유용한 미생물의 활동과 증식을 도와 작물의 생산성을 높여준다.
- 퇴비 발효 시 열 발생으로 병해충을 억제한다.
- 수분 함유량을 높힌다.
- 토양 온도를 조절한다.

오염 정화

- 퇴비 속 유익한 미생물이 토양의 오염물질과 독성물질을 분해한다.
- 화학비료 사용 절감으로 오수를 줄일 수 있다.

토양 보호

- 강우 시 토양 침식을 방지한다.
- 흙 속 익충의 서식처를 제공한다.
- 좋은 퇴비를 만들어 넣어주면 숨쉬기 좋고 양분도 풍부한, 살아 있는 흙이 되어 작물이 잘 자란다.

퇴비의 중요한 요소들

탄질비(C/N ratio)

미생물(지렁이 포함)의 먹이가 되는 유기물인 탄소와 질소가 적정하게 균형을 이룰 때 좋은 퇴비가 만들어진다. 탄소가 많고 질소가 적은 유기물이라면 미생물이 먹고도 많이 남게 되어 유기물은 잘 썩지 않는다. 반대로 탄소가 적고 질소가 많은 유기물이라면 먹을 것이 부족하여 유기물은 빨리 썩게 된다.

퇴비재료에는 탄소 성분이 많은 목재류의 톱밥, 왕겨, 낙엽 등이 많이 사용되며, 여기에 질소 성분이 많은 풀, 음식물 쓰레기, 깻묵, 비지, 소변 등과 같은 질소의 재료를 혼합하여 30:1의 적정한 비율을 맞춰주는 것을 탄질비(C/N ratio)라고 한다.

퇴비를 만들 때 탄질비는 이론적인 숫자이므로 꼭 지킬 필요는 없다.

Tips 탄질비 맞춰주기

일반적으로 갈색을 띠는 재료는 탄소 함량이 높고, 녹색을 띠는 재료는 질소 함량이 높다.

- 갈색 재료: 마른 작물, 낙엽, 지푸라기, 신문, 박스, 나뭇가지 등
- 녹색 재료: 잡초나 마르지 않은 녹색 잎 채소 등

탄소와 질소의 비율을 맞춰주는 쉬운 방법은 갈색재료 : 녹색재료＝1:3이다.

탄소	질소
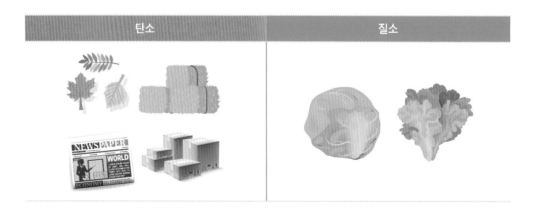	

수분

퇴비화에 필요한 미생물들이 물을 이용해 서식한다. 퇴비를 만들 때도 수분이 부족하면 보충해줘야 하지만 반대로 수분이 너무 많거나 적으면 유기물을 분해하는 미생물의 활동이 줄어들어 발열온도가 낮거나 변화가 없다.

적당한 퇴비 수분은 50% 정도로 유지해주며, 퇴비더미에 물이 고이면 부패하거나 악취가 생길 수 있으므로 바닥은 배수가 잘 되도록 해주는 것이 중요하다.

산소

공기가 있어야 호기성 미생물이 유기물을 분해해서 좋은 퇴비를 만들 수 있다.

탄질비와 수분이 적절하더라도 산소가 부족하면 퇴비의 진행 속도는 느려지니 2주 간격으로 수분과 산소를 원활하게 공급하기 위해서는 퇴비더미를 뒤집어 주는 것이 효과적이다.

퇴비화가 진행되면서 미생물이 재료의 리그닌, 섬유소 같은 물질을 분해하는 과정에서 가스와 발열이 일어나면 퇴비가 잘 만들어지고 있는 중이다.

질소 재료는 완전 분해되고, 탄소 재료는 검은색을 띠며 수분과 산소가 점차 고갈되면 미생물의 활동은 약해지고 발열온도는 내려간다.

온도

퇴비는 탄질비, 수분, 산소를 적정하게 맞추어 미생물의 증식과 활동으로 만들어진다. 퇴비가 진행되면서 발열온도 최고점이 60℃ 이상 올라가며, 반복과정을 통해 퇴비화가 진행될수록 점점 온도가 낮아지게 된다.

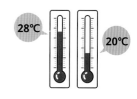

발효온도가 어느 정도 높아야 잡초 종자가 죽고, 높은 온도를 좋아하는 미생물 활성에 도움을 준다.

퇴비 만들기

밑에 배수구가 있는 130ℓ 대형 화분을 퇴비화 전용 용기로 사용한다.

유기농 텃밭을 위해서는 화학비료 대신에 퇴비를 사용하면, 가정에서 나오는 음식물 쓰레기는 아주 좋은 거름이 될 수 있다.

염분이 포함되어 있는 음식물 쓰레기는 먼저 물로 씻어준 뒤 이용한다.

쉽게 썩는 과일 껍질은 3개월 정도 두면 훌륭한 퇴비가 되지만 김치, 치킨, 뼈, 육류 등 단단하고 염분이 있는 음식물은 더 많은 기간이 소요되며 벌레가 많이 발생할 수 있으므로 주의가 필요하다.

퇴비 만들기

1 대형 화분에 $\frac{2}{3}$가량 상토를 채워 넣어준다.
2 밭에서 나오는 부산물과 음식물 찌꺼기를 모아 둔다.
3 재료가 물을 머금을 정도로 뿌려준다.
4 모아둔 재료는 외부로 노출되지 않도록 흙을 덮어 둔다.
5 비닐을 덮어서 온도를 높이면 보다 빠른 발효가 이뤄진다.
6 4~5일에 한 번 정도 뒤집어 주고, 겨울이라면 일주일에 한 번 정도 뒤집어 준다. 퇴비를 뒤집는 이유는 산소를 균등하게 공급해 주어 골고루 발효시키기 위해서다.
7 퇴비를 뒤집을 때 수분이 부족할 경우 물을 보충하면서 뒤집어 준다.
8 완성된 좋은 퇴비는 냄새가 나지 않는다.

EM 발효액은 굳이 뿌리지 않고 흙에 묻어 놓으면 여름에는 파리나 구더기가 발생하지 않는다. 되도록 햇볕이 잘 들고 비와 바람에 노출되는 장소에 두어야 냄새와 염분이 쉽게 빠져 나갈 수 있다.

겨울에는 땅이 얼고 부패가 되지 않아 화분 위에 올려둔다 해도 크게 문제가 발생하지 않는다. 서서히 숙성이 되기 때문에 날이 풀릴 때 천천히 흙으로 덮어 놓는 방법도 좋다.

Tips 퇴비는 언제 사용해야 할까?

우선 퇴비가 완숙이 되어야 이용이 가능하다.

그렇다면 완숙된 퇴비와 그렇지 않은 퇴비를 어떻게 구분할까?

완숙퇴비   발열되지 않음, 불쾌한 냄새가 나지 않음.

미숙퇴비   발열이 지속됨, 불쾌한 냄새가 남.

Tips 퇴비는 언제쯤 주는 게 좋을까?

작물을 심기 1~2주 전에 흙과 잘 섞어준 후 식물씨앗이나 모종을 심는 것이 좋다.

Tips 미숙퇴비를 사용하면 안 되는 이유

미숙퇴비를 사용하면 열과 가스가 발생하는데 이 열과 가스가 식물의 뿌리에 피해를 줘서 식물이 자랄 수 없게 한다. 특히 어린 모종일 경우 뿌리에 악영향을 줘 고사할 수 있다.

화학비료

비료는 토양 생산력을 높이고 작물이 잘 자랄 수 있도록 도움을 주는 물질을 말하며 다음과 같이 분류할 수 있다.

형태	화학비료	무기질 원료를 이용하여 화학적 처리가 된 비료 3요소(질소, 인산, 칼리) 중 1종을 함유한 질소질, 인산질, 칼리질 비료와 2종 이상을 함유한 복합비료가 있다.
	비화학적 비료	대표적인 예로 퇴비가 있다.
시기	기비 = 밑거름	작물이 뿌리를 내리고 일정기간 동안 성장할 수 있도록 토양에 섞어주는 비료.
	추비 = 웃거름	작물의 영양보충을 위해 작물 성장기 중간에 사용하는 비료.
속도	속효성 비료	물에 잘 녹아 작물에 쉽게 흡수가 되는 비료.
	완효성 비료	속효성에 비해 효과가 천천히 나타난다. 화학비료 중에서도 특수 가공을 해 토양 안에서 천천히 용해되도록 한 것도 있다.

화학비료

- 식물 뿌리에 닿으면 뿌리가 상한다.
- 한 가지 또는 두세 가지 양분이 높은 농도로 포함되어 있다.
- 주로 수량을 많이 얻기 위해 사용한다.
- 효과가 빠르게 나타난다.
- 수분 보유량이 적다.

식물의 영양

토양에 양분이 부족하면 비료를 보충해주어야 한다. 따라서 식물에 필요한 비료를 찾기 위해서는 비료의 성분표시를 이해하고 식물의 상태에 따라 어떤 성분의 영양소가 부족한지 판단할 수 있어야 한다. 이를 위해 식물에게 필요한 필수영양소를 소개한다.

필수영양원소의 종류와 요건

필수영양소는 총 17가지로, 식물체 내의 함량에 따라 다량영양소와 미량영양소로 나눈다.

각 영양소마다 주기능이 있고 보조기능이 복합적으로 작용한다.

다량영양소	많이 필요하지만 자연적인 공급이 어려운 영양소. 예 질소(N), 인(P), 칼륨(K)가리
이차영양소	소량만 필요하지만 다량영양소 다음으로 식물의 성장에 중요한 영양소. 예 마그네슘(Mg), 황(S), 칼슘(Ca)
미량영양소(8가지)	소량만 필요하지만 식물 성장에 필수적인 영양소. 예 염소(Cl), 붕소(B), 철(Fe), 망간(Mn), 아연(Zn), 구리(Cu), 니켈(Ni), 몰리브덴(Mo)
유익영양소(4가지)	필수영양소는 아니지만 식물의 발달에 도움을 주는 영양소. 예 나트륨(Na), 규소(Si), 셀레늄(Se), 코발트(Co)
자연 공급 영양소	자연에서 공급이 가능한 영양소. 예 수소(H), 탄소(C), 산소(O)

영양소의 기능과 결핍 및 과잉증상

질소(N)

단백질의 구성성분으로 작물의 줄기와 잎을 키우는 역할을 한다.

결핍 시 늙은 잎부터 황백화가 진행되며 완전히 노랗게 되거나 갈색으로 바뀌면서 떨어진다.

과잉 시 줄기가 지나치게 생장해 쉽게 병이 오고 무르고 연약해진다.

양분이 가지와 잎의 생장에 쓰여 꽃눈 형성이 불량해진다.

질소는 이동성이 빠르며 땅속 잔존율이 낮아 20~30일 지나면 땅에 뿌린 질소 성분은 거의 사라진다.

인(P)

가지와 잎의 생장을 충실하게 하고 탄수화물 대사에 중요한 역할을 한다.

인산 그 자체가 단백질 합성에 중요한 성분이 되기 때문에 과실의 수량을 증가시키는 한편, 단맛과 과실의 저장성을 높여준다.

결핍 시 잎이 좁아지고 윤택이 사라진다.

과잉 시 길황작용으로 인해 마그네슘(Mg)이나 철(Fe)의 흡수를 방해해 생육이 억제된다.

인산은 잔존율이 높지만 이동성이 매우 느려 흡수가 아주 미미하므로 사전에 밑비료로 준다.

칼륨(K)가리

단백질과 전분을 만들며 뿌리와 줄기 등을 튼튼하게 한다.

결핍 시 생육이 억제되고 줄기가 연약해지며 잎 색깔이 옅어진다.

과잉 시 양분의 균형적인 흡수가 방해된다.

마그네슘(Mg) 고토

광합성을 촉진하는 엽록소 구성 원소와 효소 활성화 및 질소 대사에 관여한다.

칼슘, 칼륨 양이온의 길항작용으로 결핍이 초래되기도 한다.

결핍 시 늙은 잎부터 녹색 반점, 잎맥 사이 황백화가 나타나며 심하면 괴사한다. 또 아래부터 잎이 떨어진다.

마그네슘은 세 가지 주요 요소인, 인산의 흡수를 돕고 식물의 각종 효소를 활성화한다.

황(S)

과실의 당도가 높아지는 효과로 필수아미노산 합성과 비타민, 당지질, 엽록소 합성에 필요하다.

유황은 뿌리의 발달을 돕는 역할을 하며 식물의 단백질을 합성하는 데 큰 영향을 준다.

미생물의 질소 고정을 촉진하고, 냉해 저항력과 광합성을 촉진한다.

결핍 시 지상부 왜소 현상이 일어나며 질소 결핍과 유사하다.

과잉 시 토양산성화가 된다.

칼슘(Ca)

세포벽의 기본 구성성분이다. 세포벽을 강화해 내병성, 저장성, 식감을 좋게 한다.

산성토양 중화, 미생물 활동을 높이며 유기물 분해를 촉진한다.

결핍 시 분열조직의 생장이 저조해지고, 잎 끝이 변형되다 괴사한다.

과잉 시 알칼리성이 되어 미량원소의 용해도가 낮아져 흡수하지 못하게 된다.

칼슘은 낮은 지온, 고온기, 토양 건조 시 흡수가 매우 어렵다.

붕소(B)

뿌리의 생장과 꽃에 연관되는 성분으로, 뿌리 세포의 분열과 신장에 관여하며 뿌리로 당분의 이동과 흡수를 증진시킨다.

결핍 시 체네 이동이 잘 안 돼 새싹이 시들거나 뿌리 발육이 저해된다.

과잉 시 잎이 황화되어 고사한다.

붕소는 토양이 건조하거나, 산도가 높을 때 흡수가 어렵다.

염소(Cl)

당의 집적과 광합성에 관여한다.

염소가 든 비료(염화칼륨)를 주면 과잉 문제가 쉽게 일어난다.

결핍 시 잎의 동화작용 감소, 탄수화물 감소, 엽록소 함량이 떨어진다.

과잉 시 토양에 축적되면 질소, 유황, 인산, 붕소의 흡수를 방해하며, 전분이 섬유가 되므로 감자류는 섬유가 많아져서 품질이 나빠진다.

망간(Mn)

마그네슘 기능과 유사하며, 산화효소를 활성화해 물질을 산화시키는 역할을 한다.

과잉 시 늙은 잎 끝에 갈색, 자색의 작은 점이 생긴다.

망간은 식물이 광합성을 할 때 필요한 미량 성분으로, 이산화탄소와 연관이 있다.

부족하면 잎이 노랗게 되거나 질병에 걸리기 쉽다.

철(Fe)

광합성, 질소 고정 등에 관여하고 엽록소 형성에 필요하다.

결핍 시 마그네슘과 같은 현상이 일어나고, 이동성이 낮아 어린잎부터 증상이 발생한다.

과잉 시 망간(Mn) 및 인산(P)의 흡수를 억제한다.

니켈(Ni)

요소를 탄산가스와 암모니아로 분해하는 효소의 필수성분이다.

토양에서는 니켈이 풍부해 결핍증은 거의 일어나지 않고, 증상을 알아내기가 어려워 근래 들어 필수원소로 인정되었다.

니켈이 결핍된 식물의 잎은 요소가 축적되어 잎 끝이 괴사한다.

구리(Cu)

구리는 광합성 작용에서 산화효소의 구성성분으로 효소 기능을 통해 산화환원반응, 엽록소 형성에 기여한다.

결핍 시 탄수화물, 단백질 생산이 줄어들고 생장이 억제된다.

과잉 시 뿌리의 신장이 중지된다.

아연(Zn)

아연은 식물의 성장 속도와 깊은 관계가 있으며, 단백질과 전분의 합성에 도움을 준다.

결핍 시 잎맥 사이 황백화가 되며, 부족하면 줄기 생장이 지연되기도 한다.

몰리브덴(Mo)

질산염을 아질산염으로 변화시키는 역할을 한다.

결핍 시 생장 및 광합성 저해, 체내에 질산을 축적한다.

영양장애 진단요령

식물의 필수영양소는 식물의 생장에 큰 영향을 미치기 때문에, 한 영양소만 부족하더라도 식물의 정상적인 성장을 방해하는 영양소가 되기도 한다. 한 영양소를 뺀 나머지가 충분히 공급된다고 해도 서로 상호작용 속에 이루어지기에 생장을 하지 못한다.

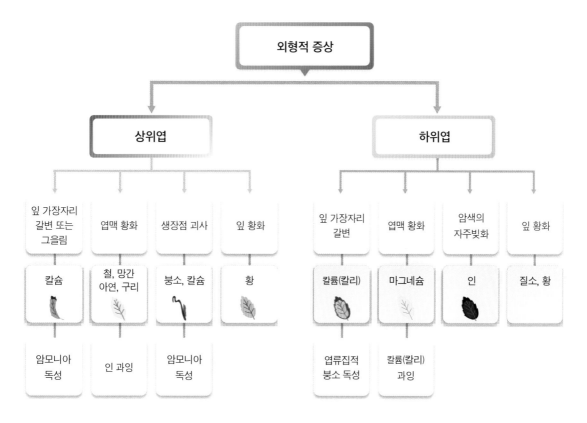

비료

새싹이 나고 꽃이 피고, 열매가 달리는 식물의 일생이 작은 화분에서 모두 이뤄진다.

식물이 자라면서 흙 속의 영양분을 전부 흡수하게 되면 성장이 멈추거나 상태가 나빠지게 되는데 이때 필요한 것이 바로 비료다.

이 책에서는 다양한 비료를 설명하기보다는 옥상에서 작물을 키우며 직접 사용하는 비료를 소개할 예정이다.

석회고토&대유보락스그린(밑거름)

석회고토에서 석회는 칼슘(Ca), 고토는 마그네슘(Mg)의 고전적인 명칭이다.

주로 전문적으로 농사짓는 분들이 많이 사용하기 때문에 20kg 단위로 판매하고 있다. 가정에서 사용하기엔 너무 많은 용량이라 대유보락스그린을 추천한다.

이 두 가지 제품은 토양 개량 및 작물생육용으로 작물을 심기 전 밑거름용으로 사용된다.

토양을 중화시키기 위해 보통 석회질(칼슘) 비료를 사용하게 되는데, 우리나라 토양은 마그네슘 함량이 낮기 때문에 마그네슘이 많이 보강되어 있는 석회고토를 가장 많이 사용한다.

매년 휴경기에 석회를 뿌려 토양을 중성화시켜 주지만 석회는 토양 개량의 목적 외에도 중요한 쓰임새

가 있다. 석회의 주성분인 칼슘은 식물의 세포막을 단단하게 해주는 주요한 역할을 하고 있다. 작물에 칼슘이 부족하면 열매의 표면이 갈라지거나 썩기 때문에 비대기에는 꼭 필요한 영양소이다.

복합비료(밑거름 및 웃거름)

작물이 가장 많이 필요로 하는 3요소 중에서 두 가지 성분 이상을 함유하는 비료를 말한다.

포장의 비료성분표에 각종 성분 함량 및 형태가 표시되어 있어 쉽게 파악할 수 있다.

예를 들어 '21-17-17'는 질소 21%, 인산 17%, 칼리(칼슘) 17%의 복합비료다.

이 복합비료 표시에 의하면 복합비료 20kg 한 포에는 질소 4.2kg, 인산 3.4kg, 칼리 3.4kg씩 들어 있다.

주로 밑거름(기비)으로 많이 사용하고 있는데 비료 사용량을 계산하여 부족한 비료는 웃거름(추비)으로 주는 것이 좋다.

종자와 비료를 직접 접촉시키거나 종자와 복합비료를 섞어 사용하지 않는다. 복합비료는 양분 함량이 높아서 만약 종자나 육묘 단계에 직접 접촉하게 되면 싹이 나오는데 영향을 주며, 심지어 싹이 타거나 뿌리가 썩어 버린다.

요소 (밑거름, 웃거름)

질소를 요소상태로 만든 비료로, 질소 함유량을 46%로 높인 비료다.

요소는 작고 딱딱한 알갱이 형태로 포장되고 판매된다.

밑거름으로 사용할 때는 흙에 골고루 뿌리고 파종한다.

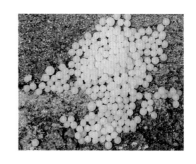

일반적으로 텃밭에서는 모종을 심고 뿌리가 활착하는 20일쯤 웃거름으로 사용 시 모종과 한 뼘 정도 떨어진 흙 속에 요소를 한 주먹 정도 묻어준다.

뿌리에 직접 닿을 경우 타들어가 고사하는 경우가 발생하기 때문에 일정한 간격을 두지만 화분은 간격이 넉넉지 못해 요소를 10~20g 정도 지표 위에 뿌리고 물을 주면 요소가 녹아 땅에 스며들어 약해를 방지할 수 있다. 또 다른 이유는 요소가 식물에게 필요한 질소로 바뀌기 전에 암모니아 가스가 먼저 나오는데 물에 젖으면 공기 중 화학반응이 시작되기 전에 속으로 스며들어 흙 속에 암모니아가 더 많이 남게 된다.

웃거름으로 요소를 주는 이유는 초기 모종이 성장할 때 줄기와 잎을 크게 키워주기 위해 많은 양의 질소를 공급하기 위해서이다. 요소는 되도록 1차 웃거름으로만 준다.

완효성 비료(밑거름 및 웃거름)

작물의 생육기간 동안 필요로 하는 비료성분의 양을 지속적으로 공급할 수 있도록 만들어진 비료로, 효과가 천천히 나타나도록 특수한 물질로 코팅해 서서히 녹아 분해되게 한 비료다.

완효성 비료는 완효성 피복 비료로 3, 6, 9개월 효과를 볼 수 있어 작물의 생장 기간에 따라 선택해야 한다.

- 물주기를 통해 삼투압의 원리로 식물이 서서히 흡수할 수 있게 한다.
- 재배기간 동안 12가지 필수 영양소를 공급해준다.
- 웃거름(추비) 생략이 가능하다.
- 일반 비료와 다르게 뿌리에 직접 닿아도 작물에 해가 없다.

방법 1

화분 위에 작물을 심고 완효성 비료를 올려주고 물을 주면
서서히 흡수된다.

방법 2

영양분의 소실이 심한 화분 사용 시 큰 효과를 보기보다는
밑거름용으로 꾸준히 양분을 전달하는 역할로 사용하는 게 좋다.

1 (정식 시)구멍 안에 완효성 비료를 골고루 넣는다. 흙을 살짝 덮는다. 또는 흙과 섞
어준다.

2 위에 모종을 심는다. 흙을 덮어준다(웃거름 시비 끝)

고형비료 (웃거름)

화학비료를 배합하여 만든 웃거름 전용 복합비료이다.

간편하게 사용할 수 있는 텃밭비료로, 작물을 심고 20일 후
1차 웃거름 시기에 작물과 작물 사이 또는 작물에서 한 뼘 떨
어져 10~15cm 깊이로 2개씩 묻어 주면 3개월 정도 효과가
지속되기 때문에 1번의 웃거름으로 충분하다.

※ 웃거름은 필수가 아니다. 모든 작물이 그렇듯 밑거름으로 충분한 양의 영양분을 넣어 주었다면 웃거름은 선택사항이며 특히나 밑거름으로 완효성 비료를 넣었다면 웃거름은 제외해도 된다.

밑거름   작물을 심기 전 밭 만들 때 넣는 거름
웃거름(추비)   작물이 커가는 과정에서 주는 거름
완효성 비료   비료의 영양분이 오래가는 비료(일반적인 비료는 속효성 비료)

천연비료 만들기

화학 비료가 아닌 음식물 쓰레기를 이용해 식물에 필요한 4대 천연 비료를 만들 수 있다.
식물의 상태에 따라서 어떤 비료를 사용할지 판단하고 필요한 비료를 직접 만드는 방법을 소개한다.

성장을 촉진하는 질소(N)비료 – 커피 찌꺼기

1 햇빛이 잘 드는 곳에서 2~3일 정도 건조시킨다.
2 급한 경우에는 전자레인지에 얇게 펴서 돌리거나 프라이팬에 구워서 말려도 좋다.
3 잘 말린 커피 찌꺼기를 숙성시켜, 흙과 커피 찌꺼기의 비율을 9:1로 섞은 뒤 배양토로 활용할 수 있다.

뿌리를 강화하는 인(P)비료 – 다시마 액비

1 국물을 내고 남은 젖은 다시마 100g을 준비한다.

2 흑설탕 60g과 소금 15g 정도를 다시마와 함께 섞는다.

3 섞은 재료를 통에 담고 공기가 통하도록 뚜껑을 조금 열어 그늘진 곳에 2주 정도 보관한다.

4 국자로 윗부분 액체만 걸러내 물에 100:1 비율로 희석하여 뿌려준다.

면역력을 향상시키는 칼륨(K)비료 – 바나나 껍질

1 바나나 껍질을 햇빛에 말리거나 전자레인지에 5분 정도 돌려 건조시킨다.

2 잘 말린 바나나 껍질을 손으로 잘게 부수거나 믹서기에 갈아 가루로 만든다.

2 가루 낸 바나나 껍질을 흙 위에 뿌려준다.

세포막 형성을 촉진시키는 칼슘(Ca)비료 – 계란 껍데기

1 껍데기는 깨끗이 씻어준다.

2 껍데기 안쪽의 흰 막을 제거한 다음 햇빛에 건조시킨다.

3 절구통이나 믹서기를 이용해 곱게 빻아준다.

4 가루 낸 계란 껍데기를 흙에 뿌려주거나 섞어준다.

출처 : LG화학 참조

화분 흙 만들기 유의사항

텃밭이 아닌 옥상 화분에 키울 작물을 위해 흙을 만드는 건 자신만의 적합한 배합율을 찾기 위해 여러 가지 시행착오를 거치게 된다.

화분 텃밭이라는 취미 생활을 오래 즐기기 위해서는 무엇보다 쉽게 구할 수 있고 유지 비용을 최소로 하며 다음과 같은 점을 주의해야 한다.

1 옥상의 하중을 고려한다.
2 화분 이동이 쉽도록 무게를 가볍게 만들어야 한다.
3 지출을 최소한으로 하는 흙 배합을 선택한다.
4 배수성이 좋아야 한다.
5 재료를 쉽게 구할 수 있어야 한다.

이 책에서는 이 5섯 가지 조건을 충족할 수 있는 원예용 상토를 기본 베이스로 정해 설명하겠다.

원예용 상토

장점

흙이 부드럽고 가벼우며 물 빠짐이 좋다.
인터넷이나 다이소 등에서 쉽게 구할 수 있다.

단점

보습력이 약하기 때문에 한 번 마르면 재흡수하는 데 상당한 시간이 필요하기에 촉촉함을 유지해 줘야 한다. 또한 비료 성분이 적기에 퇴비를 추가해 영양분을 공급해야 한다.

혼합상토 만들기

상토는 사실 흙이 아닌 코코피트가 주를 차지한다. 따라서 이를 보완하기 위해 밭흙을 일정 부분 섞는 것이 좋지만 쉽게 구할 수 없으니 황토를 구매해 쓴다.

잎채소의 비율

열매채소의 비율

이때 밑비료를 한 가지 더 추가해주면 칼슘(K)과 마그네슘(Mg)이 들어 있는 석회고토나 대유보락스그린을 15ℓ 화분 기준으로 생수병 뚜껑만큼(10g) 넣어준다.

화학비료 대신 계란 껍데기를 곱게 갈아서 넣는 방법도 있다.

여기에서 일반 배합보다 퇴비의 비율을 적게 쓰는 이유는 텃밭은 비가 와도 영양분이 흙속에 남지만 화분은 배수구멍을 통해 유실되면서 바닥이 검게 얼룩져 미관상 좋지 못하는 등 문제가 있으므로 나중에 웃거름으로 추가하는 방식을 취했다.

화분흙 재활용

한 번 사용했던 흙은 재활용해서 사용할 수 있으며 작물을 심기 1주일 전에 해주는 것이 좋다.

화분흙 재활용 하기

1   큰 용기에 화분흙을 덜어낸다.
2   흙을 부드럽게 펴주고 석회고도 20g, 퇴비 $\frac{1}{3}$을 추가해 잘 섞어준다.
3   화분 바닥에 깔망과 신문지를 깔아 막아준다.

신문지는 수분 유지와 영양분의 유실 그리고 바닥에 흙이 떨어지는 것을 방지해준다.

이렇게 화분흙을 재활용할뿐만 아니라 작물을 심기 전에 흙을 부드럽게 해줌으로써 단단하게 뭉쳐 있는 홑알구조(單粒構造, simple grained structure)의 토양입자들은 떼알구조(粒團構造, aggregate structure)로 변경되면서 식물의 뿌리가 건강하게 자랄 수 있는 환경이 된다.

1   물빠짐이 양호하다.
2   통기성이 좋아진다.
3   수분과 양분을 장기 보관한다.
4   공기와 물의 흐름이 원활하다.

씨앗 파종 방법

알려진 파종방법은 무수히 많지만 큰 틀은 아래와 같다. 구매한 씨앗의 특성과 상황에 맞게 파종방법을 선택하여 파종한다.

A 모종 트레이와 상토를 이용하는 방법
B 플라스틱 용기에 키친타올, 화장지, 면솜을 이용하는 방법
C 직접 파종하는 방법

▶ A 모종 트레이와 상토를 이용하는 방법

준비물 모종 트레이, 상토, 분무기

1 모종 트레이에 상토를 가득 채워 넣은 뒤, 상토를 균일하고 평평하게 만든다.
2 모종 트레이의 구멍마다 손가락으로 살짝 눌러 씨앗의 구멍을 만든다. 구멍의 깊이는 씨앗 크기의 2~3배가 적당하다. 미세 씨앗의 경우, 광발아 종자가 많기 때문에 흙을 덮지 않고 신문지를 덮어두는 것도 좋다.
3 씨앗을 다 뿌린 트레이는 상토가 눌린만큼 상토를 보충해 트레이 높이와 맞추어 다시 한번 평탄화 작업을 한다.
4 언제 파종했는지 어떤 식물인지 알 수 있게 이름표를 만들어준다.
5 상토에 물이 서서히 스며들어 촉촉함을 유지할 수 있도록 분무기로 물을 준다. 이때 상토가 파이거나 씨앗이 튀어 나오지 않도록 주의해야 한다.
6 씨앗이 발아되어 싹이 틀 때까지 상토의 겉흙이 마르지 않도록 촉촉하게 수분과 습도를 유지한다.
7 10cm 정도 자라면, 화분이나 본 밭에 옮겨 심도록 한다.

▶ B 플라스틱 용기에 키친타올, 화장지, 면솜을 이용하는 방법

이 방법은 아직 날씨가 풀리지 않은 초봄 시기에 주로 사용하는 방법으로, 인위적으로 발아할 수 있는 조건을 맞춰준다.

준비물 플라스틱 용기, 화장지, 분무기

1 용기의 바닥에 화장지를 깔고 씨앗을 넣는다.
2 분무기로 씨앗과 화장지를 촉촉하게 적셔 수분을 유지할 수 있도록 관리한다.
3 이불 속, 전기장판, 셋톱박스, 무선공유기 위 등 따뜻한 곳에 두고, 세균이 번식하지 않는지 하루 한 번씩 확인한다.
4 5cm 이상 자라면, 화분이나 본 밭에 옮겨 심도록 한다.

▶ C 직접 파종하는 방법

준비물 모종삽, 물조리개

1 식물의 종류에 따라 줄뿌림, 흩어뿌림, 점뿌림 방식에 맞춰 씨앗의 간격을 두고 씨앗을 뿌린다.
2 상추나 당근처럼 작은 씨앗의 경우 흘러 내려가지 않도록 조심한다. 무엇보다 봄철에는 싹이 틀 때까지 적절한 수분을 유지하는 것이 매우 중요하다.

해바라기, 호박, 수세미와 같이 씨앗의 크기가 크고, 식물의 성장세도 좋은 종자의 경우 텃밭에 직접 파종하는 방법이 좋다.
이식을 싫어하는 식물도 이 방법을 이용한다.

씨앗을 심는 깊이

　상토를 이용하는 방법 또는 텃밭에 직접 파종하는 방법의 경우, 씨앗을 심는 깊이가 매우 중요하다. 일반적인 파종의 경우, 씨앗 크기의 2~3배 깊이로 심고, 미세종자나 광발아 종자의 경우 흙을 덮지 않고 신문지를 덮어두고 수분을 유지한다.

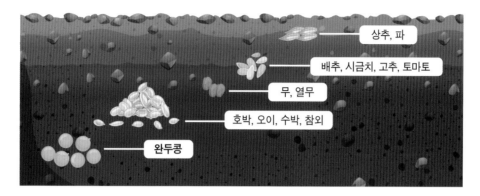

씨앗 정보

　채소 씨앗은 저렴한 다이소나 시중에 판매되고 있기 때문에 쉽게 구입할 수 있다. 일반적으로 포장지 앞면에는 채소의 사진과 품종명이 적혀 있고 씨앗의 정보와 특성이 적혔는데, 채소를 잘 가꾸기 위해 먼저 이 특성들을 잘 이해해야 한다.

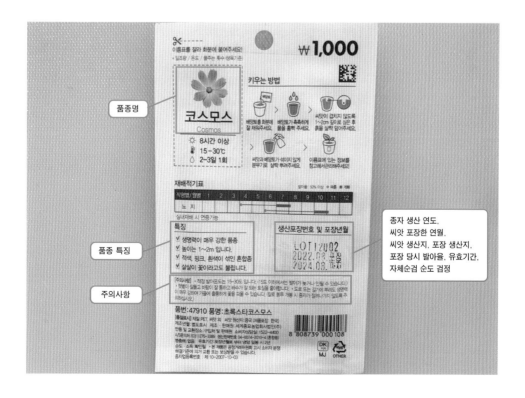

광발아 종자와 암발아 종자

대부분의 작물 종자는 발아 조건에 빛의 유무가 크게 영향을 미치지 않지만 수분을 흡수한 후 빛이 있어야 발아가 쉬운 광발아 종자와 빛이 없어야 발아가 쉬운 암발아 종자도 있다. 모종이 아닌 씨앗부터 키울 경우에는 씨앗의 특징에 대해 알아두는 것이 발아 성공률을 높일 수 있다.

광발아 종자

빛을 쬐면 발아가 잘 되지만, 암흑조건에서는 전혀 발아하지 않거나 발아가 불량해진다.

씨앗을 심은 후 복토는 얇게 하거나 흙을 덮지 않아 빛이 침투하여 발아에 도움이 된다. 그늘이라면 꼭 직사광선이 아니더라도 낮에 약간의 밝은 빛이 있으면 상관없다.

• 종자 : 상추, 우엉. 쑥갓, 당근, 셀러리, 배추, 양배추, 딸기 등

암발아 종자

암흑 조건에서 잘 발아되며 빛을 쬐면 발아가 저해된다. 파종 시 빛이 충분히 닿을 수 없을 정도로 깊게 심거나 복토를 두껍게 한다. 호광성 종자에 비해 혐광성 종자는 종류가 극소수다.

• 종자 : 수박, 호박, 박, 오이, 가지, 파, 양파, 부추, 고추, 무 등

모종 구매

작물을 키울 때 모를 기르는 작업은 매우 중요하다. 모가 튼실히 자라지 않으면 농사에 성공할 수 없기 때문이다. 예전에는 봄 한철만 모종을 구할 수 있었지만 최근에는 봄부터 가을까지 채소 모종을 구할 수 있다. 또 시중에 판매되는 모종들 대부분이 튼실하

고 품종도 믿을 수 있다. 보통 모종은 식목일
을 전후로 집중적으로 출하된다.

모종을 살 때 주의할 점은 다음과 같다.

1 모종 뿌리에 흙이 많아야 한다.
2 줄기가 곧고 잎과 잎 사이가 짧아야 한다.
3 잎줄기에 병해충 피해가 없는지 살펴본다.
4 잎이 노랗게 변색된 것은 고르지 않는다.

모종은 사 오면 바로 심는 것이 좋다. 트레이의 모종은 작은 화분 안에서 자라는 동안
흙의 양분을 이미 모두 소진한 상태이기 때문이다. 따라서 구입한 모종은 되도록 빨리
화분에 심어 준다.

모종 심기

모종을 심을 때 땅 온도는 보통 20℃ 이상이 가장 이
상적이며 새 뿌리가 빨리 나온다. 5월 상순에는 아직 지
온이 높지 않아 해가 쨍쨍한 날을 골라 모종을 심고 물
을 충분히 주는 것이 좋다.

혹시 모종이 시든 것처럼 보일 수도 있지만 빠르게 뿌
리를 내리면 성장도 빨라진다. 참고로 바람이 심하게 부
는 날은 좋지 않다. 바람이 불면 식물체의 잎에서 증산
작용이 활발해져 쉽게 시들기 때문이다.

모종을 심을 때는 모종의 떡잎까지 덮지 않도록 주의

뿌리 위쪽

지면

**모종의 뿌리 윗쪽이 지면과
같은 높이가 되도록 심는다.**

한다. 보통 모종이 쓰러지지 않도록 깊게 심는 경우가 많은데 깊게 심으면 작물의 연약
한 줄기 조직이 땅에 묻히게 되고 흙 속의 유해한 병원균에 감염되어 토양전염성 병에
걸리기 쉽다.

모종을 옮겨 심다 보면 뿌리가 상처 입게 되어 새 뿌리가 나오는 일주일 동안은 몸살

을 잃는다. 따라서 모종을 모판에서 뽑을 때는 모에 붙은 흙이 떨어지지 않도록 조심한다. 뿌리에 붙어 있는 흙이 떨어지면 채소 잔뿌리가 같이 붙어서 떨어지기 때문이다.

심은 후에 뿌리가 충분히 젖을 정도로 물을 주고 물이 충분히 스며든 후에는 뿌리의 위쪽 표면이 살짝 보일 정도로 흙으로 덮어준다.

물주기

식물을 키우다 보면 "물은 얼마나 줘야 하나요?" 물어 보는 경우가 종종 있는데 "겉흙이 마르면요!" 라고 교과서적인 답변을 한다.

물주기는 화분의 재질과 크기, 식물의 크기, 흙의 배합, 장소, 일조량, 통풍, 계절 등 모든 것을 보고 판단해야 한다. 날짜에 맞춰 주는 게 아니라 흙의 마른 정도와 식물의 상태를 보고 물을 주는 것이 가장 올바른 방법이다.

4월	2~3일 1회
5월	1일 1회
6~9월	1일 2회
10월	1~2일 1회
11월	2~3일 1회

계절과 위치를 단정인 예를 들자면 가장 뜨거운 여름에는 수시로 물주기를 해줘야 한다. 하루 2번 이상 물을 줘야 하기 때문에 2~3일 집을 비우는 휴가나 외출은 포기해야한다. 잠정관수나 저면관수 방식을 이용하면 2~3일 동안 외출이 가능하다.

한 여름에 장마가 아닌 이상은 잠깐의 소나기가 와도 물주기를 멈추지 말아야 한다.

1 화분의 겉흙이 말랐는지 살펴보고 겉흙에 물기가 거의 없다면 물을 준다.

2 작은 화분인 경우 화분을 들었을 때 가벼운 느낌
이 들면 물을 준다.

3 무더운 여름철, 화분의 흙과 화분 사이에 틈새가
생기면 수분 증발이 이뤄지고 있기 때문에 물을
가득 줘야 한다.

4 흙 수분량에 따라 흙이 닿는 센서의 저항 값이 변
해 눈금으로 수분량을 알려준다. 문제는 꽂혀 있
는 부분의 토양 수분값만 감지하기 때문에 보다
정확한 값을 얻으려면 여러 곳을 찔러 평균값을
구하거나 여러 개의 센서를 사용해야 한다.

5 옥상에서 물주기가 가장 쉬운 방법은 저면관수이
다. 큰 용기 안에 화분을 넣으면 며칠 동안 휴가와
외출이 가능하다.

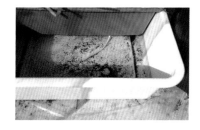

※ 물주기는 주로 아침과 저녁에 주는 걸 권장하지만 한 여름에는 증발량이 많아 잎이 축 쳐지고 타
버리니 시간에 상관없이 물을 듬뿍 준다.

병해충

진딧물

진딧물은 2~4mm 크기로 통풍이 안 되는 줄기, 새싹, 잎의 뒷면에 모여 살며 식물의 즙액을 빨아 먹는다. 배설물로 잎의 기공을 막아버리는 그을음병균과 식물바이러스병을 옮긴다.

주로 어린 모종이나 상추, 고추, 옥수수, 고구마, 감자, 배추, 수박, 사과나무, 복숭아 등 여러 식물에 서식한다.

방제 가장 좋은 것은 진딧물 발생 전 농약사에 방문해 분홍색의 진딧물 입제를 구입하여 모종에 1g 정도 살포하면 식물이 흡수하여 진딧물에게 유해한 독성을 함유하게 되면서 발생 자체를 막는 방법이다.

이미 발생했다면 시중에 유통 중인 퇴치제를 뿌리는 것이 가장 효과적인 퇴치 방법이지만 퇴치제가 없다면 우유를 스프레이로 뿌린 후 건조시킨다. 이렇게 하면 진딧물의 기문을 막아버려 호흡을 제대로 못해서 서서히 죽어 가는 것을 볼 수 있다.

옥상처럼 제한된 장소에서 초기 진딧물입제를 살포해 진딧물만 방제해도 크게 해충의 피해는 받지 않는다.

- 종류 : 복숭아혹진딧물, 목화진딧물, 왕진딧물, 가루진딧물 등

※ 주의 : 입제 살포 시기는 식물의 꽃이 피기 전에 이루어져야 꿀벌의 피해를 막을 수 있다.

응애

몸길이 1~2mm의 작은 동물군으로, 보통 식물의 잎이
나 줄기에 달라붙어서 식물 세포액을 빨아 먹는다.

일단 창궐하기 시작하면 잎의 즙액을 빨아먹어 잎에 노
란 점이 발생하고, 심할 경우 잎 전체가 황화되기도 한다.
이러한 피해가 심해지면 해당 식물은 생장이 저하되고 전
체적인 수세가 약해지며, 피해가 심할 경우 고사하게 된다.

칠레이리응애

방제　난황유나 주방세제를 물에 타서 뿌리면 효과가 있다.
- 종류 : 잎응애, 점박이응애, 차먼지응애, 녹응애, 뿌리응애 등

총채

주로 고추, 수박, 참외, 호박, 오이, 딸기 등 흰꽃이나 노란꽃
에 0.6~1.2mm쯤 되는 길죽하고 작은 벌레가 모여 있다면 총
채이다.

대부분 식물의 즙액을 흡수하여 식물체에 손상을 주거나 과
일에 바이러스를 옮기는 해충이며 총채벌레목 대부분이 식물체
조직 내에서 기생하거나 서식하는 해충이다.

총채벌레는 박멸이 힘든 해충 중 하나이며 걸렸다면 알(식물 조직 내)-유충(식물 위)-번
데기(토양)-성충(식물 위)으로 이어지는 생태 사이클을 끊어야 한다.

방제　식물 조직에 붙어서 흡즙하는 연녹색의 유충을 며칠에 걸쳐 계속해서 물샤워를
시켜 쓸려보내거나 성충에 알콜 등을 분무하여 죽여서 식물 위의 개체 수를 줄인다.

이어서 번데기가 들어 있는 흙에 백강균 기반의 총진싹이나 총채싹 등의 생물학적 약
제를 살포하여 번데기들이 고사하게 만든다. 이 작업을 2~3주간 반복한다.
- 종류 : 꽃노랑총채벌레, 오이총채벌레, 대만총채벌래

굼벵이

굼벵이의 주식은 낙엽 썩은 흙, 즉 일종의 거름이다.

고구마, 감자는 굼벵이가 땅속에서 파먹고, 옥수수, 콩과 같은 식물은 줄기를 먹고 자라서 작물을 심기 전에 흙의 상태를 미리 확인하는 것이 좋다.

하지만 굼벵이의 똥은 매우 훌륭한 비료로 활용되며 특히 지렁이 분변토와는 달리 굼벵이 분변토는 입자성이라 통기성과 배수성이 매우 뛰어나다.

흰가루병

식물의 잎과 줄기에 하얀 균사로 덮이는 증상이 특징이다. 공기전염을 통해 분생포자가 잎과 줄기로 점점 퍼지다가 시들며 노랗게 말라간다.

주로 습도가 높아지는 7월부터 수박, 메론, 참외, 호박, 오이, 딸기 등 박과 작물에 발병한다.

조금이라도 흰가루병의 증상이 보이는 잎이나 가지는 보이는 족족 제거하고 확산을 막기 위해 멀리 버린다. 다만 제거 시에 포자가 공기 중으로 퍼지게 되므로, 화분의 경우에는 발병이 확인되는 즉시 다른 화분과 격리시켜야 확산을 막을 수 있다.

방제　난황유나 마요네즈를 물에 희석하여 사용할 수도 있는데, 마요네즈의 성분이 난황유와 유사하기 때문이다. 오른쪽 사진처럼 약제를 희석해 줄기와 잎에 3일 간격으로 3차례 방제해도 된다.

익충(유익한 벌레)

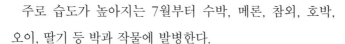

톡토기, 쥐며느리, 공벌레, 노래기, 거미, 오이이리응애, 지중해이리응애, 무당벌레, 지네, 그라미 등

공벌레　　　　　　　무당벌레 유충

난황유 만들기

1. 병충해 방제에 좋은 난황유

난황유는 효과가 이미 입증되어 널리 쓰이고 있는 천연 농약이다. 만드는 방법은 다음과 같다.

1　계란 노른자 1개, 식용유 60㎖를 준비한다.
2　준비한 계란 노른자와 식용유를 모두 믹서기에 넣어 혼합한다.
3　물 200㎖에 **2**를 넣어 희석시킨 뒤 냉장고에 보관하면서 필요한 만큼 물과 혼합해 사용하면 된다. 손으로 만졌을 때 끈적임이 살짝 느껴지는 정도가 좋다.

진딧물을 박멸하고 싶다면 채소 잎의 앞뒷면 모두 골고루 살포해야 한다.

예방 목적으로는 10일 간격으로 분무기로 뿌려주고, 치료 목적으로는 5일 간격이 좋다.

난황유 대신 우유나 마요네즈를 물과 섞어서 사용해도 된다(마요네즈 8g＋물 2㎖).

이 천연 농약은 안전한 대신 단점도 있다. 한여름 고온에서는 수분 장애가 발생할 수 있고 유기물에 의한 곰팡이 등이 발생할 수 있으니 병충해 관리 위주로 사용할 것을 권한다.

온도에 관한 농사 이야기

봄을 기다리며 하루 빨리 작물을 심고 싶은 마음이 급해서 기온이 올라가는 3월에 무작정 씨앗부터 파종하는 경우가 있다. 지난 몇 년간 채소를 키우며 우리나라 기후가 점점 아열대기후로 변해간다는 것을 깨달았다. 하지만 여전히 우리 조상들이 자연의 변화를 잘 관찰하고 나눈 24절기가 왜 중요한지도 알게 되었다.

한 달 일찍 씨앗을 파종해도 시기에 맞춰 한 달 뒤 파종한 같은 작물의 성장과 별반 차이가 나지 않는다는 점을 깨달았기 때문이다. 또한 일찍 파종한 씨앗은 모종을 관리하는 시간이 더 들고, 모종의 수명도 있다는 걸 체험한 뒤 온실에서 가꾸지 않은 이상 작물이 잘 자라는 온도까지 성장을 느리게 진행하는 것도 확인했다.

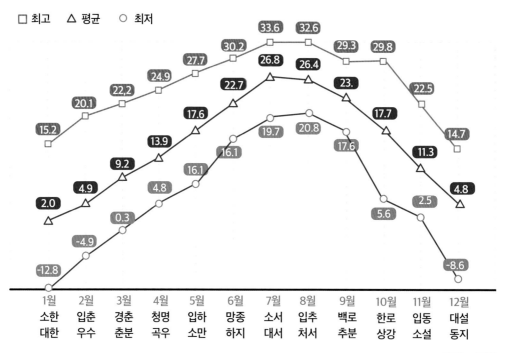

출처 : 기상청

	입춘(立春)	2월 4일	봄의 시작
봄	우수(雨水)	2월 19일	비가 내리고 싹이 틈
	경칩(驚蟄)	3월 6일	개구리가 잠에서 깸
	춘분(春分)	3월 21일	낮이 길어지기 시작
	청명(淸明)	4월 5일	텃밭 봄 농사 준비
	곡우(穀雨)	4월 20일	농사비가 내림
여름	입하(立夏)	5월 6일	여름의 시작 (늦서리 끝나는 시기)
	소만(小滿)	5월 21일	농사 시작
	망종(芒種)	6월 6일	씨뿌리기
	하지(夏至)	6월 21일	낮 시간이 가장 긴 시기
	소서(小暑)	7월 7일	여름 더위의 시작
	대서(大暑)	7월 23일	더위가 가장 심한 때
가을	입추(立秋)	8월 8일	가을 시작
	처서(處暑)	8월 23일	일교차 커짐
	백로(白露)	9월 8일	이슬이 내리기 시작
	추분(秋分)	9월 23일	밤이 길어지는 시기
	한로(寒露)	10월 8일	찬 이슬이 내림
	상강(霜降)	10월 24일	서리가 내리기 시작
겨울	입동(立冬)	11월 8일	겨울의 시작
	소설(小雪)	11월 23일	얼음이 얼기 시작
	대설(大雪)	12월 7일	겨울 큰 눈이 옴
	동지(冬至)	12월 22일	밤이 연중 가장 긴 때
	소한(小寒)	1월 6일	겨울 중 가장 추운 때
	대한(大寒)	1월 20일	겨울 큰 추위

입춘이 지나 낮의 길이가 길어지는 춘분이 오면 따듯한 봄 바람과 새들 소리가 한층 높아지기 시작한다. 이때 부터는 꽃을 보고 농사의 시작을 알 수 있다.

각 지역별 꽃피는 순서에 맞춰 농사를 시작할 시기를 가늠하면 다음과 같다.

• 개나리꽃 : 감자 심기
• 벚꽃 : 상추, 당근 파종

3월에 심는 작물

3월에 심는 작물

처음 텃밭을 시작하는 사람들은 따뜻한 날씨와 함께 싹이 올라오는 시기인 3월이나 4월부터 본격적으로 작물을 심으면 된다고 생각하기 쉽다. 그런데 어떤 작물인지에 따라 2월부터 시작해야 할 수도 있다. 보통 2월에 작물을 선택하고 흙을 준비한 뒤 작물에게 필요 영양 성분을 확인한 후 준비한 흙에 퇴비를 뿌리는 등 3월에 심을 작물을 위해 미리 준비해야 할 것들이 있기 때문이다.

밭을 미리 만드는 이유는 풍성한 수확을 하기 위해서이다. 이는 적기에 작물을 심기 위한 것도 있겠지만 작물을 심기 전 적어도 한 3주 정도 미리 밭을 갈아서 암모니아 가스를 충분히 배주어야 한다. 물론 화분의 경우에는 이보다 짧은 기간으로도 충분하다. 하지만 텃밭은 비닐 멀칭을 많이 하기 때문에 멀칭 후에는 가스가 빠져나갈 구멍이 없어지게 되는 것을 고려해 멀칭하기 전 충분하게 가스를 배주도록 하자.

	대파 3월 상순, 모종은 5월		**감자** 3월 중순~4월 초
	당근 3월 하~4월 상순		**미나리** 3월 하순~4월 중순
	상추 3월 하순~4월 말		**양배추** 3월 하순

그 외에도 3월에 준비해야 할 작물로는 완두콩, 비트, 얼갈이, 도라지, 더덕 등이 있다.

대파

대파는 월동이 가능하다. 따라서 따뜻해지는 봄이 오면 다시 자라기 시작한다.

봄에는 꽃이 펴 종자를 받아 가을에 씨앗을 심을 수 있다.

씨앗의 보존 기간은 1년이다. 1년이 지나면 발아율이 떨어진다.

🌱 환경 조건

학명	Allium fistulosum L	재배 가능	텃밭, 옥상, 베란다
영명	Welsh onion, Spring onion, Buching onion	재배 난이도	★★★☆☆
원산지	중국 서북부	파종방법	직파, 모종
분류	백합과	발아 특성	암발아 종자
토양산도	pH 5.7~7.4	싹트는 온도	15~25℃
토양	토심이 깊고 물빠짐이 좋은 토양.	싹트는 기간	7~10일
종류	대파, 실파, 쪽파, 외대파, 쌍대파, 구조파	일조량	8시간 이상
영양성분	카로틴, 비타민B2, 비타민C, 칼슘, 철, 아연 등	평균 재배온도	20℃
화분 크기	15ℓ 이상	최저온도	5℃
		재식거리	15cm

재배 일정

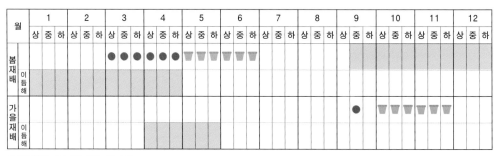

| 월 | 1 상 | 1 중 | 1 하 | 2 상 | 2 중 | 2 하 | 3 상 | 3 중 | 3 하 | 4 상 | 4 중 | 4 하 | 5 상 | 5 중 | 5 하 | 6 상 | 6 중 | 6 하 | 7 상 | 7 중 | 7 하 | 8 상 | 8 중 | 8 하 | 9 상 | 9 중 | 9 하 | 10 상 | 10 중 | 10 하 | 11 상 | 11 중 | 11 하 | 12 상 | 12 중 | 12 하 |

● 씨뿌리기　▼ 모종 심기　 수확

재배 과정

준비물 씨앗, 모종, 화분, 혼합상토, 모종삽, 물뿌리개

52

🌱 씨앗 심기

5cm 간격으로 줄뿌림한다. 흙의 두께는 5~6mm 정도가 적당하며 너무 두꺼우면 발아가 늦고 불량해진다. 파종이 끝난 뒤에는 물을 주고 적당한 습도가 유지되도록 한다.

모종 심기

모종을 심을 구멍을 내고 10cm 간격으로 3~4주씩 심는다.

뿌리심기

대파는 밑둥에서 5~10cm 정도 위로 잘라서 화분에 심는다. 그러면 잘린 부분에서 다시 대파가 자라서 한 달 뒤 수확할 수 있다.

북주기

북주기 작업은 파의 쓰러짐을 방지하고 흰 부분을 길게 하여 품질을 좋게 하는 작업이다.

북주기 작업시 일반적으로 3~4회 정도가 적당하며, 첫 번째는 정식 후 30~40일경에 하고, 수확 전 30~40일경에 마지막 북주기를 한다.

북주기의 깊이는 1~2회는 잎집부의 $\frac{2}{3}$가 덮일 정도로 가볍게 해주고 3~4회는 잎이 갈라지는 부분까지 깊게 한다.

수확하기

수확 시 한 포기씩 뽑아 흙을 잘 턴 뒤 마른 잎을 제거한다.

파는 겨울철이 되면 지상부의 잎이 말라버리므로 땅이 얼기 전에 수확하거나 겨울을 나고 이듬해 봄에 꽃대가 올라오기 전에 수확한다.

병해충

- **주요 병해** : 노균병, 검은무늬병, 녹병, 무름병
- **주요 충해** : 뿌리응애, 파굴파리, 파밤나방, 파총채벌레, 고자리파리

한 달만 키워도 먹을 수 있는 마트 대파 키우기

집에서 화분에 1,000원짜리 다이소 대파 키우기

시금치

시금치 씨앗은 씨껍질이 두텁기 때문에 24시간 물에 담갔다가 뿌리는 것이 좋다.

시금치를 키우기 위한 적정 토양 산도는 pH 7~8로, 산성에 약하기 때문에

심기 전에 석회를 뿌려 미리 밭을 만드는 것이 좋다.

🌿 환경 조건

학명	Spinacia oleraceaL	재배 가능	텃밭, 옥상, 베란다
영명	Spinach	재배 난이도	★★★☆☆
원산지	이란, 카자흐스탄	파종방법	직파
분류	명아주과	발아 특성	광무관 종자
토양산도	pH 7.0~8.0(산성에 가장 약한 작물)	싹트는 온도	15~20℃
토양	양분이 적당이 포함된 모래땅.	싹트는 기간	3~4일
종류	동양종(겨울 시금치), 서양종(여름 시금치)	일조량	8시간 이상
영양성분	이소람네틴, 페르시카린, 비타민 A, 비타민 C, 칼슘	평균 재배온도	15~20℃
화분 크기	깊이 10cm 이상 화분, 사각 화분	최저온도	-10℃
		재식거리	4~5cm

재배 일정

월	1 상	1 중	1 하	2 상	2 중	2 하	3 상	3 중	3 하	4 상	4 중	4 하	5 상	5 중	5 하	6 상	6 중	6 하	7 상	7 중	7 하	8 상	8 중	8 하	9 상	9 중	9 하	10 상	10 중	10 하	11 상	11 중	11 하	12 상	12 중	12 하
시금치							●			▒	▒															●		▒	▒							
										●				▒	▒					●			▒	▒												

● 씨뿌리기　▒ 수확

재배 과정

준비물　씨앗, 화분, 혼합상토, 물뿌리개

🪴 씨앗 심기

시금치 종자는 씨껍질이 두텁기 때문에 24시간 물에 담갔다가 뿌리면 발아가 균일해서 좋다.

줄뿌림을 한다면 10cm 간격에 10mm 깊이로 하여 씨 뿌릴 자리를 파고 씨를 뿌린 후 살짝 흙을 덮어준다.

솎아주기

싹이 튼 후 약 1주일 후 2~3cm 간격으로 1차 솎음한다.

2주일 후 4~5cm 간격으로 2차 솎음한다.

물주기

건조에 극히 약하다. 물은 2~3일 1회, 겉흙이 마를 경우에 한 번씩 흠뻑 주면 된다.

수확하기

파종에서 수확까지의 기간은 재배작형에 따라서 다르지만 봄파종이 40일, 여름파종이 30~35일, 가을파종이 50~60일 정도 된다.

수확기가 늦어지면 줄기의 마디 사이가 길어지고 잎자루가 굳어져서 품질이 나빠진다.

낮의 길이가 길어지는 5월에 꽃대가 올라오는데, 줄기는 억세고 맛과 품질은 떨어진다.

시금치는 한여름을 피해 3~5월, 9~10월에 씨뿌리기를 하고, 너무 늦게 수확하지 않도록 한다.

병해충

- **주요 병해** 반점고사병, 갈반병, 녹병
- **주요 충해** 고부랑 진딧물, 달팽이, 응애

다이소 시금치를 키워 무침 해먹기

셀러리

초기에는 생장속도가 매우 느리나 정식 후 30일경부터 급속히 성장한다.

산형화과에 속하는 2년생 초본으로, 겨울에는 비닐을 덮어 보온해주면 다음해 다시 자란다.

🌿 환경 조건

학명	Apium graveolens L.L	재배 가능	텃밭, 옥상, 베란다
영명	Celery	재배 난이도	★★★☆☆
원산지	남유럽, 북아프리카, 서아시아	파종방법	파종, 모종
분류	미나리과	발아 특성	광발아 종자
토양산도	pH 5.6~6.8	싹트는 온도	15~20℃
토양	유기질이 풍부한 모래참흙 또는 점질참흙	싹트는 기간	8~10일에서 20~30일
종류	수프셀러리, 동양재래종, 황색종, 녹색종, 교잡종	일조량	8시간 이상
영양성분	가로틴, 섬유질, 비타민A, 나트륨, 칼륨, 철, 마그네슘	평균 재배온도	20~25℃
		최저온도	0℃
화분 크기	7.5ℓ 이상	재식거리	30cm

재배 일정

월	1			2			3			4			5			6			7			8			9			10			11			12		
	상	중	하	상	중	하	상	중	하	상	중	하	상	중	하	상	중	하	상	중	하	상	중	하	상	중	하	상	중	하	상	중	하	상	중	하
셀러리							●	●	●	●	●	●	▽	▽	▽	▽	▽	▽																		

● 씨뿌리기   ▽ 묘종심기   ▨ 수확

재배 과정

준비물 씨앗, 모종, 화분, 혼합상토, 물뿌리개, 모종삽

60

🌱 씨앗 심기

발아율은 60~70% 정도로 낮다. 따라서 구멍에 5~10립 넣어 파종한다. 광발아성 씨앗이니 흙을 얇게 덮는다.

파종에서 발아까지는 8~10일이 걸리며 60~70% 정도 발아까지 20~30일이 소요된다

본잎이 2~3장일 때 0.5~1cm 간격으로 솎아준다.

모종 심기

본엽이 7~8매가 되면 정식적기이며 모종이 쓰러지지 않을 정도로 얇게 심고 속잎에 흙이 들어가지 않도록 주의한다.

곁순 및 하엽 제거

곁순은 수시로 제거하고 아랫잎이 누렇게 변하면 제거하여 병해발생을 줄인다.

연백Blanching

수확 전에 연백하기 위해 신문지 등을 포기마다 싸준다. 황색종은 여름철에 수확 7~10일 전, 저온기에 15~20일 전에 실시하며 녹색종과 교배종의 경우 연백 효과가 적어 밀식한다. 요즘에는 연백 처리를 거의 하지 않는다.

물주기

습한 것을 좋아하는 채소류이며 건조하면 추대가 가속화되고 잎자루(엽병)에 섬유질이 발달하여 딱딱해지며 품질이 저하된다. 따라서 건조해지지 않도록 물을 주며, 수확 2주일 정도 전부터는 충분히 물을 주도록 한다.

웃거름(추비) 선택사항

셀러리는 재배 기간이 긴 만큼 많은 거름을 필요로 하는 다비성 작물로, 모종을 심고 20일 간격으로 3회에 걸쳐 비료나 퇴비를 준다.

수확하기

품종과 재배시기에 따라 파종 후 8~125
일 사이에 수확한다.

포기 수확 대신 안쪽의 잎을 남겨 두면
여러 번 수확할 수 있다.

병해충

- **주요 병해** : 잎마름병(엽고병), 잘록병, 무름병, 검은무늬병
- **주요 충해** : 거세미나방, 아메리카잎굴파리, 파밤나방, 진딧물, 응애

옥상 화분에 셀러리 키우기

완두콩

완두는 연작하면 발아가 불량하거나, 발아하더라도 뿌리의 발달이 저해되므로

바로 시들어버리는 경우가 많다. 이것을 연작장해라고 하며

토양에 병원균이 남아 있거나 뿌리의 분비물이 생육을 저해하기 때문이다.

동일한 장소에서 3년 이상 재배를 피하고 다른 작물을 재배하는 것이 좋다.

🌿 환경 조건

학명	Pisum sativum	재배 가능	텃밭, 옥상, 베란다
영명	Pea, Garden pea, Common pea	재배 난이도	★★★☆☆
원산지	지중해	파종방법	직파, 모종
분류	콩과	발아 특성	광무관 종자
토양산도	pH 6.5~8.0	싹트는 온도	25~30℃
토양	배수가 좋은 질참흙 또는 참흙이 적당	싹트는 기간	10~15일
종류	스파클, 사철완두, 대협완두, 울완두 등	일조량	8시간 이상
영양성분	단백질, 식이섬유, 칼륨, 비타민K, 엽산, 아연, 철, 마그네슘	평균 재배온도	15~20℃
		최저온도	1~2℃
화분 크기	7.5ℓ 이상 화분	재식거리	30cm

재배 일정

월	1 상	1 중	1 하	2 상	2 중	2 하	3 상	3 중	3 하	4 상	4 중	4 하	5 상	5 중	5 하	6 상	6 중	6 하	7 상	7 중	7 하	8 상	8 중	8 하	9 상	9 중	9 하	10 상	10 중	10 하	11 상	11 중	11 하	12 상	12 중	12 하
텃밭재배(중부)								●	●	●					▨	▨																				
가을재배 이듬해															▨	▨												●	●	●						

● 씨뿌리기　▨ 수확

재배 과정

준비물　완두콩, 모종, 화분, 혼합상토, 물뿌리개, 모종삽, 지주대

🌱 씨앗 심기

심기 전에 하루 정도 물에 불렸다가 파종은 한 구멍 당 2~3립씩 심고 흙을 1~2cm 정도만 덮어준다. 만약 3개의 순이 올라오면 2개만 남기고 1개는 뽑아 버린다.

모종 심기

30cm 간격으로 모종을 심고 흙을 덮어준다.

지주 세우기

완두가 10cm 정도 자라 덩굴손이 나오기 시작하면 땅에 닿지 않도록 유인줄, 대나무나 막대기 등 지주대 를 만들어줘야 한다.

웃거름(추비) 선택사항

완두콩은 밑거름을 많이 주고 따로 웃거름은 주지 않 아도 된다. 웃거름을 줄 경우 심은지 35~40일 사이에 꽃이 피고 꼬투리가 열리기 시작할 때 퇴비나 복합비료 를 1회 준다.

수확하기

　개화 후 30일이면 수확이 가능하며, 꼬투리가 녹색에서 옅은 노란색으로 변할 때 수확한다.

　꼬투리를 식용으로 이용할 때에는 종실이 굵어지기 전에 수확하고, 완두콩을 식용으로 할 때에는 꼬투리가 변색되기 전에 수확한다.

병해충

- **주요 병해** : 바이러스병, 갈색무늬병, 흰가루병, 뿌리썩음병, 녹병
- **주요 충해** : 완두콩바구미

화분에 완두콩 키우기

봄감자

씨감자 선별은 썩은 감자, 병에 걸린 감자, 너무 크거나 작은 감자는 제외한다.

감자는 봄과 가을에 재배가 가능하지만 가을재배는 7월 중순~하순에 파종하며

봄감자와 다른 점은 높은 기온으로 감자가 썩지 않도록

절단하지 않고 통으로 심는다는 것이다.

환경 조건

학명	Solanum tuberosum	재배 가능	텃밭, 옥상, 베란다
영명	potato	재배 난이도	★★★☆☆
원산지	안데스 산맥	파종방법	직파
분류	가지과	발아 특성	산광최아(散光催芽)
토양산도	pH 5.0~6.0	싹트는 온도	15~20℃
토양	배수가 잘되는 참모래흙	싹트는 기간	20~30일
종류	오륜, 수미, 대서, 조풍, 대지, 추백 등	일조량	8시간 이상
영양성분	비타민 C, 비타민 B6, 엽산, 칼륨	평균 재배온도	14~23℃
화분 크기	깊이 20cm 이상의 7.5ℓ 화분	최저온도	5℃
		재식거리	20~25cm

재배 일정

월	1			2			3			4			5			6			7			8			9			10			11			12		
	상	중	하	상	중	하	상	중	하	상	중	하	상	중	하	상	중	하	상	중	하	상	중	하	상	중	하	상	중	하	상	중	하	상	중	하
일정								●									▨	▨		●										▨	▨					

● 씨뿌리기   ▨ 수확 ★ 지역에 따라 재배시기가 10일 정도 차이날 수 있음.

3월 중순~4월 상순 (지역에 따라 다름)

감자 심는 시기는 각 지역에 따라 다르지만 재배 기간을 보통 100일 기준으로 잡아 장마가 오는 6월 하순에 맞춰 수확한다.

재배 과정

준비물   씨감자, 화분, 혼합상토, 물뿌리개, 모종삽

🥔 씨감자 자르기

씨감자를 자르는 시기는 산광최아(싹 틔우기)를 시작하여 감자를 밭에 심기 2~3일 전에는 마쳐야 한다.

씨감자를 크기에 따라 30~40g씩 자른 후에는 바람이 잘 통하는 곳에 옮겨두어(온도 14~15℃, 습도 80~85%) 자른 상처가 완전히 아문 후 밭에 심어준다.

감자심기

봄감자는 8~12cm 두께로 흙을 덮고 물은 주지 않는다.

산광최아를 하지 않고 바로 심었을 경우 파종 후 20~30일 정도면 싹이 올라온다.

순지르기

파종 후 30일이 지나면 감자 하나에 줄기가 2~5개 정도 올라온다.

감자싹이 10cm 정도 되면 그중 충실한 것 하나 내지 둘만 남기고 뽑아 버린다. 이렇게 하면 영양분이 분산되는 걸 막아 실한 감자를 수확할 수 있다.

순지르기 방법은 남겨둘 줄기 주변은 손으로 눌러 제거할 싹을 뽑아내면 되는데 이때 꼭 뿌리까지 뽑아내야 한다.

북주기

감자 순지르기와 함께 북주기 작업을 한다. 감자 같은 뿌리 작물은 뿌리에서 흙 위로 감자가 올라오면 녹색의 솔라닌 독성이 생겨 좋지 않기 때문에 북주기가 꼭 필요하다.

물주기

5월 중순 감자 꽃이 피기 시작하면 감자가 커지는 시기로 가장 물이 필요한 때이다. 이후 감자꽃이 지면 점차 물공급을 줄여 나간다

웃거름(추비) 선택사항

감자 웃거름은 보통 NK 비료를 많이 주지만 일반 복합비료도 상관없으니 5월에 물을 주는 시기에 함께 주면 좋다.

수확하기

수확시기는 감자의 잎과 줄기가 누렇게 마르면 수확하는 것이 좋다.

6월 중하순 비가 많이 올 때에는 감자가 썩을 염려가 있으므로 되도록 장마가 오기 전에 수확해 바람이 잘 통하는 곳에 보관하여야 한다.

수확한 감자는 1주일 정도 바람이 잘 통하고 햇빛이 들지 않는 서늘한 곳에서 예비저장을 하면서 상처를 치료하도록 한다.

병해충

- **주요 병해** : 역병, 겹둥근무늬병, 시들음병, 검은무늬썩음병, 가루더뎅이병, 마른썩음병

- **주요 충해** : 진딧물, 큰28점박이무당벌레, 뿔나방, 흑다리잎굴파리, 총채

원예상토에 마트 감자 키우기

가을감자 : 2번 싹 틔우기 실패 했던 가을감자 화분에 키우기

부추

생육기간이 길며 다비성 작물이므로 생육 중 비료가 부족하지 않게
완효성 퇴비를 많이 주어야 한다.
부추는 4~5년간 그 자리에서 계속 재배가 가능하다.

🌿 환경 조건

학명	Allium tuberosum Rottler	재배 가능	텃밭, 옥상, 베란다
영명	Chinese chives	재배 난이도	★★★☆☆
원산지	동북아시아, 중국 동북부	파종방법	직파, 모종
분류	백합과	발아 특성	암발아 종자
토양산도	pH 6.0~7.0	싹트는 온도	18~20℃
토양	토질을 가리지 않는 편으로, 건조에는 강하지만 습기에는 약함.	싹트는 기간	7~10일
		일조량	8시간 이상
종류	대엽부추, 재래부추, 그린벨트	평균 재배온도	18~20℃
영양성분	카로틴, 비타민 B2, 비타민 C, 칼슘, 철, 아연 등	최저온도	-6~-7℃
화분 크기	15ℓ 이상	재식거리	10cm

재배 일정

월	1			2			3			4			5			6			7			8			9			10			11			12		
	상	중	하	상	중	하	상	중	하	상	중	하	상	중	하	상	중	하	상	중	하	상	중	하	상	중	하	상	중	하	상	중	하	상	중	하
첫해								●						▼																휴면						
이듬해				휴면																																

● 씨뿌리기　▼ 모종 심기　▨ 수확

재배 과정

준비물　씨앗, 모종, 화분, 혼합상토, 물뿌리개

🌱 씨앗 심기

부추는 한 번 심으면 4~5년간 키울 수 있으므로 용량이 넉넉한 화분을 선택하여 5cm 간격으로 줄뿌림을 한다.

파종은 봄뿌림의 경우 3월 중순~4월 상순, 가을뿌림의 파종적기는 8월 중순~9월 상순경이지만 보통 봄뿌림을 많이 한다.

모종 심기

부추는 생육기간이 길며 다비성 작물이므로 생육 중 비료가 부족하지 않게 완효성 퇴비를 많이 주어야 하며 재식거리는 15×10cm, 깊이는 10~12cm로 하여 18주를 한 포기로 정식한다.

물주기

부추는 충분한 수분을 필요로 한다. 건조하면 천천히 자라고 섬유질이 많아진다. 하지만 장마 시기에는 과습해서 썩지 않도록 주의해야 한다.

웃거름(추비) 선택사항

오랜 기간 키우기 때문에 첫 수확 후 반드시 퇴비를 뿌린다.

저온기를 제외하고는 언제든지 먹어도 되며 1년에 2회 생육이 왕성한 봄과 가을에 시비한다.

수확하기

부추의 길이가 15~25cm 정도 자라면 수확할 수 있다. 수확활 때마다 물주기와 추비를 해준다.

수확 시 부추를 자르는 높이는 첫수확의 경우 3~4cm를 남기고, 그후에는 첫 수확의 절단 부위에서 1~1.5cm 이상 남기고 수확한다.

꽃대따기

씨앗으로 키운 부추는 다음해부터 8월이 되면 꽃이 핀다. 이 꽃대를 따주지 않고 그대로 두면 개화, 결실로 세력을 빼앗기기 때문에 씨앗 채종용 외에는 될 수 있으면 빨리 꽃대를 따주는 것이 좋다.

병해충

- **주요 병해** : 잿빛곰팡이병, 잘록병
- **주요 충해** : 뿌리응애, 파좀나방, 파총채벌레

20ℓ 화분에 씨앗으로 두메부추 키우기

76

딸기

텃밭딸기는 4~5월에 꽃이 피고 6월에 한창이다.

모종을 살 때는 꽃이 달린 딸기를 구입해야 보다 빠른 수확을 할 수 있다.

딸기는 햇빛을 많이 받아야 열매를 잘 맺을 수 있다.

빛이 부족하면 꽃이 피었다가도 떨어지거나 열매로 잘 크지 못한다.

🌿 환경 조건

학명	Fragaria x ananassa	재배 가능	텃밭, 옥상, 베란다
영명	Strawberry	재배 난이도	★★★☆☆
원산지	유럽 중부	파종방법	모종
분류	장미과	발아 특성	광발아 종자
토양산도	pH 5.8~6.5	싹트는 온도	20℃
토양	배수가 좋은 참흙	싹트는 기간	10일
종류	장희(일본), 육보(일본), 설향, 매향, 무하, 킹스베리 등	일조량	8시간 이상
		평균 재배온도	20~23℃
영양성분	탄수화물, 칼슘, 인, 나트륨, 비타민 C, 비타민 B1, 비타민 B2	최저온도	5℃
화분 크기	7.5ℓ 이상 화분	재식거리	30~40cm

재배 일정

월	1			2			3			4			5			6			7			8			9			10			11			12		
	상	중	하	상	중	하	상	중	하	상	중	하	상	중	하	상	중	하	상	중	하	상	중	하	상	중	하	상	중	하	상	중	하	상	중	하
딸기 (텃밭 작형)								🪴			🪴						런너증식									▼		▼								
													▨	▨	▨																					

🪴 모종 심기   ▼ 런너심기   ▨ 수확

재배 과정

준비물　모종, 화분, 혼합상토, 모종삽, 물뿌리개, 붓

👑 모종 심기

3월 중순~4월 중순 사이 모종을 구매하여 30~40cm 간격으로 심어준다.

모종의 뿌리와 줄기의 지점인 크라운(생장점)이 묻히지 않도록 심는다.

꽃 솎기 및 곁눈 제거

첫 화방의 개화기부터 꽃 솎기를 해준다. 꽃 솎기는 꽃 뭉치가 활짝 전개된 후에는 빨리 해주는 것이 유리하며 늦을수록 효과가 떨어진다. 상위의 꽃일수록 과실이 크기 때문에 먼저 꽃피는 과실부터 우선적으로 남기고 꽃이 작거나 기형적인 꽃은 꽃 솎음을 한다.

딸기는 심은 후 계속해서 곁눈이 발생하는데 습도가 높아지면 발생량이 더 늘어난다. 방임할 경우 지나치게 줄기의 수가 많아져 꽃의 세력이 약해진다. 초기 발생하는 곁눈은 모두 제거해 하나의 줄기를 강하게 키우는 것이 좋다. 만약 제거할 시기를 놓쳐 이미 세력이 강해진 것은 할 수 없이 그대로 유지해준다.

아들묘(자묘/런너) 기르기

어린모종 받기는 5월 중하순부터 굵고 왕성한 런너를 골라 포트 위에 얹고 바람에 움직이지 않도록 핀으로 고정시켜준다. 9월 중순경에 어린모종을 자르며, 주기적으로 아랫잎을 제거한다.

인공 수분

텃밭의 딸기는 곤충과 바람에 의해 수분이
되지만 베란다에서는 통풍이 되도록 창문을
열어 두거나 붓으로 인공 수분을 해준다.

물주기

정식 후에는 새 뿌리의 발생을 돕기 위해서
물을 흠뻑 주고, 이 후 2~3일 간격으로 겉흙이
말랐을 때 화분 밑 물구멍 밖으로 물이 충분히
나올 만큼 흠뻑 준다.

웃거름(추비) 선택사항

모종을 심고 30일 후 1차, 계속해서 20일이
지나 2차를 준다.

이 후 8월과 10월에 걸쳐 완효성 비료나 퇴
비를 준다.

수확하기

꽃이 피고 30~40일이 지나 5월부터 열매를
수확할 수 있다.

수확하기

- **주요 병해** : 탄저병, 흰가루병, 잿빛곰팡이병
- **주요 충해** : 목화진딧물, 점박이응애, 총채벌레

딸기 씨앗으로 딸기 키우기

쑥갓

쑥갓은 서늘한 기후를 좋아해서 15~20℃가 생육 적온이고, 고온에도 강해서 한여름에도
재배할 수 있다. 따뜻한 지방에서는 텃밭에서도 월동이 되나, 10℃ 이상이 좋고,
겨울에는 서리를 맞으면 잎이 시들어 버린다.

🌿 환경 조건

학명	Chrysanthemum coronarium var	재배 가능	텃밭, 옥상, 베란다
영명	Crown daisy	재배 난이도	★★★☆☆
원산지	유럽	파종방법	파종, 모종
분류	국화과	발아 특성	광발아 종자
토양산도	pH 5.2~7.5	싹트는 온도	15~20℃
토양	건조에 약하며 유기질이 풍부하며 보수성이 있는 모래참흙	싹트는 기간	3~5일
		일조량	8시간 이상
종류	대엽, 중엽, 소엽(우리나라는 중엽종 재배)	평균 재배온도	15~20℃
영양성분	베타카로틴, 철분, 칼슘, 칼륨, 식이섬유	최저온도	-5℃
화분 크기	7.5ℓ 이상	재식거리	20~25cm

재배 일정

월	1 상	1 중	1 하	2 상	2 중	2 하	3 상	3 중	3 하	4 상	4 중	4 하	5 상	5 중	5 하	6 상	6 중	6 하	7 상	7 중	7 하	8 상	8 중	8 하	9 상	9 중	9 하	10 상	10 중	10 하	11 상	11 중	11 하	12 상	12 중	12 하
봄 파종형							●	●	🪴	🪴	🪴		▓	▓	▓																					
가을 파종형																						●	●	🪴	▓	▓										
																									●	🪴	▓	▓	▓							

● 씨뿌리기 🪴 모종 심기 ▓ 수확

재배 과정

준비물 씨앗, 모종, 화분, 혼합상토, 모종삽, 물뿌리개, 가위

🌱 씨앗 심기

10cm 간격으로 줄뿌림을 하거나 트레이에 2~3
립을 뿌리고 가볍게 흙을 덮은 후 충분히 물을
준다.

모종 심기

20cm 내외의 간격으로 일정하게 모종을 심고
흙을 살짝 덮는다. 화분에 심을 때는 오른쪽 사진
을 참고한다.

물주기

쑥갓은 잎이 잘 시들기 때문에 물 관리에 신경을
써야 한다. 2~3일 1회 또는 겉흙이 마를 때 한 번
에 듬뿍 준다.

수확하기

파종 후 수확까지는 재배시기에 따라 달라지지
만 일반적으로 30일 정도에 초장이 15cm 이상 자
라면 수확이 가능하다.

1차 수확은 아랫잎을 3~4장 이상 남기고 원줄기를 자른다. 수확 후 곁줄기가 다시 자라는 20~30일 후 2차 수확할 수 있다.

고온장일(온도가 높고 일조시간이 12시간 이상인 날)에서 꽃대가 올라오는 생리적 특성이 있다. 따라서 5월부터 8월까지는 추대가 우려되므로 수확기가 되면 바로바로 수확해준다.

병해충

- **주요 병해** : 모잘록병, 탄저병, 노균병
- **주요 충해** : 아메리카잎굴파리, 진딧물

7.5ℓ 화분에 쑥갓 키우기

당근

당근은 다른 작물과 달리 직접 파종하여 재배하고 묘를 이식하지 않는다.

이식할 경우 당근의 뿌리가 갈라지는 가랑이 당근이 생긴다.

따라서 직접 밭이나 화분에 파종하는 것이 좋다.

🌿 환경 조건

학명	Daucus carota L	재배 가능	텃밭, 옥상, 베란다
영명	carrot	재배 난이도	★★★☆☆
원산지	중동 아프카니스탄	파종방법	직파
분류	미나리과	발아 특성	광발아 종자
토양산도	pH 5.3~7.0	싹트는 온도	15~25℃
토양	수분을 잘 보유하고 물빠짐도 잘되는 양토	싹트는 기간	7일
종류	시그마, 양면, 신흑전, 조은, 무쌍, 미니당근, 노랑당근, 보라색 당근 등	일조량	8시간 이상
		평균 재배온도	18~21℃
영양성분	베타카로틴, 비타민 A, 칼슘 등	최저온도	3℃
화분 크기	깊이 20cm 이상의 15ℓ 화분	재식거리	8~10cm

재배 일정

월	1			2			3			4			5			6			7			8			9			10			11			12		
	상	중	하	상	중	하	상	중	하	상	중	하	상	중	하	상	중	하	상	중	하	상	중	하	상	중	하	상	중	하	상	중	하	상	중	하
봄									●	●			★				▨	▨	▨	●	●				★							▨	▨			

● 씨뿌리기 ★ 솎음하기 ▨ 수확

재배 과정

준비물 씨앗, 화분, 혼합상토, 물뿌리개, 모종삽

🪴 씨앗 심기

당근 파종시기는 각 지역별 벚꽃이 필 때가 좋다.

10cm 간격으로 5mm 깊이에 줄뿌림 방식으로 씨앗을 파종한다.

씨앗을 뿌린 후 꼭 햇볕이 잘드는 장소에 두고 흙이 패어 씨앗이 이동하지 않도록 물은 살살 주어야 발아가 빠르고 고르게 올라온다.

솎음하기

씨앗을 뿌린 후 30~40일경 본잎이 3~4개가 되면 1회 실시하고, 1회 솎음 후 10~15일 뒤 2회에 걸쳐 솎아준다. 2회 실시할 경우 처음에는 1~2포기를 남기고, 2회 실시 때 1포기를 남긴다. 솎음해 옮겨 심을 경우 대부분 갈라진 당근이 된다.

북주기

당근 뿌리가 햇볕에 노출되면 어깨 부분이 붉어지므로 노출되지 않도록 흙으로 덮어주는 것이 좋다

물주기

수분이 없어 잎이 처질 경우 한 번에 충분히 준다.

지나치게 자주 줄 경우 수확 시 뿌리 표면이 거칠고 잔뿌리가 많아진다.

매일 흙 상태를 보면서 4월은 2~3일 1회, 5월부터 1일 1회로 늘려준다.

웃거름(추비) 선택사항

당근은 대체적으로 잘 자라는 작물 중 하나로 따로 웃거름을 주지 않아도 되지만 생육 상태를 보며 적당량을 나누어 퇴비나 복합비료를 주는 것도 좋다.

1차 웃거름은 솎음 작업을 끝내고 바로 주는 것이 좋고 2, 3차 웃거름은 1차 웃거름을 준 후 15~20일 간격으로 준다.

수확하기

파종 후 90~120일이 지나는 4개월 전후로 모두 수확한다. 보통 본격적으로 더워지는 7월 초순을 넘기지 않는다.

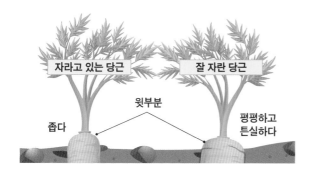

수확시기가 되면 잎과 줄기가 늘어지게 된다. 이때 흙에서 위로 올라온 당근의 머리를 보고 평평하고 넓게 퍼졌을 때 수확하면 된다.

수확 방법은 아랫부분을 잡고 힘껏 당겨 올리면 된다.

당근 뿌리는 햇볕에 장시간 노출될 경우 표면이 붉게 변할 수 있으므로 뽑은 후 너무 오래 햇볕에 노출시키지 않도록 한다.

1차 솎음 때 모종이 아까워 옮겨 심는다면 대부분 갈라진 당근이 된다.

병해충

- **주요 병해** : 탄저병, 흰가루병, 잿빛곰팡이병
- **주요 충해** : 목화진딧물, 점박이응애, 총채벌레

화분에 씨앗부터 봄당근 키우기

단무지 닮은 가을 노란당근 키우기

더덕

초롱꽃과의 다년생 초본식물로, 줄기는 40~100cm이며 곧게 자란다.

추위에 견디는 힘이 강하여 우리나라 대부분 지역에서 재배가 가능하다.

수확은 파종한 후 2년째부터 언제든지 수확할 수 있다. 보통은 8~10월에 주로 수확한다.

🌿 환경 조건

학명	Codonopsis lanceolata	재배 가능	텃밭, 옥상, 베란다
영명	deodeok, lance asiabell	재배 난이도	★★★☆☆
원산지	한국	파종방법	직파
분류	초롱꽃과	발아 특성	암발아 종자
토양산도	pH 6.0	싹트는 온도	15~25℃
토양	토심이 깊고 물 빠짐 좋은 양토	싹트는 기간	20일
종류	북양유, 백양유 계통	일조량	5~8시간 이상
영양성분	단백질, 당질, 섬유질, 회분, 칼슘, 인, 철, 사포닌, 비타민 B	평균 재배온도	20℃
		재식거리	30×15cm, 60×10cm
화분 크기	20cm 이상 깊이의 20ℓ 화분		

재배 일정

구분	1 상	1 중	1 하	2 상	2 중	2 하	3 상	3 중	3 하	4 상	4 중	4 하	5 상	5 중	5 하	6 상	6 중	6 하	7 상	7 중	7 하	8 상	8 중	8 하	9 상	9 중	9 하	10 상	10 중	10 하	11 상	11 중	11 하	12 상	12 중	12 하
생육 과정 (주요농작업)							●	●	●				▲	▲	▲			▨		❖	❖							●	●	●	●					
								▽	▽	▽					❖	❖	●	♥	♥	♥							▨	▨	▨						

● 씨뿌리기　▽ 모종 심기　▨ 수확　▲ 지주 세우기　❖ 웃거름 김매기　♥ 꽃봉우리 제거

재배 과정

준비물　씨앗, 화분, 혼합상토, 물뿌리개

씨앗 관리

더덕씨앗은 1년근에서도 채취할 수 있지만 발아 성공률이 현저히 떨어지기 때문에 2년근 이상에서 채취한 씨앗을 이용해 직파하도록 한다.

채종해서 120일 정도 휴면기간이 지난 다음 2~5℃의 냉장고에 7일간 넣어 저온처리한다.

씨앗 심기

점뿌림, 흩뿌림 또는 30cm 간격 줄뿌림 모두 가능하다. 점뿌림은 구멍당 3~5립 정도 씨뿌림 후 부드러운 토양을 5~1.0cm 두께로 덮어 물을 충분히 준다.

낮은 온도에서 습도가 잘 유지되어야 발아율이 높다.

솎아내기

싹이 4~6cm 되었을 때 1본만 남기고 솎아 주어야 한다. 뿌리가 서로 붙어 있는 걸 방지하고, 영양분이 온전히 더덕 모종에 집중할 수 있도록 한다.

지주 세우기

본잎 3~4매 시 보통 1~1.5m의 지주를 세워 통풍과 햇빛 쪼임을 좋게 해준다.

지주 형태   1자형, 삼각형, 사다리형 등

순지르기

더덕은 대체로 밀식하기 때문에 본격적인 생장기에 들어서면 줄기가 무성해 통기성이 나빠지고 과습을 초래하여 병해 발생이 많아지게 되므로 일반적으로 장마가 시작되기 전에 순지르기를 많이 한다.

물주기

새싹이 나올 동안 수분을 유지해주고, 새싹이 나오면 2~3일 간격으로 준다.

한 여름에는 1일 1회로 물을 준다.

웃거름(추비) 선택사항

1년 차는 7월 하순에 1회, 2년 차부터 6월 하순, 7월 하순 2회 웃거름을 준다.

수확하기

더덕을 심고 2~3년 차가 되었을 때 10월 중순 이후~봄까지 싹이 나오기 전에 무게 30~50g 이상이 되어야 식용이나 약용으로 좋다.

수확 후 무게가 적게 나가는 작은 더덕은 다시 심어 일 년 정도 더 키운다.

병해충

- **주요 병해** : 세균성마름병, 점무늬병, 탄저병, 녹병, 갈색무늬병
- **주요 충해** : 응애류, 진딧물

화분에 씨앗으로 더덕 키ㅜ

94

미나리

미나리는 보통의 많은 채소들처럼 씨뿌리기로 재배하는 것이 아니라

줄기를 절단하는 등 영양번식 방법으로 재배한다.

가정에서는 줄기를 잘라 심으면 오랫동안 재배가 가능하며

겨울에는 10℃ 이상의 따뜻한 장소에 두면 수시로 수확할 수 있다.

🌿 환경 조건

학명	Oenanthe javanica	재배 가능	텃밭, 옥상, 베란다
영명	water dropwort, water celety	재배 난이도	★☆☆☆☆
원산지	아시아	파종방법	영양번식
분류	미나리과	일조량	8시간 이상
토양산도	pH 6.8	평균 재배온도	20~27℃
토양	습기 있는 비옥한 점질토 토양	최저온도	10℃
종류	재배미나리, 돌미나리(야생종)	재식거리	10cm
영양성분	이소람네틴, 페르시카린, 비타민 A, 비타민 C, 칼슘		
화분 크기	깊이 20cm 이상, 7.5ℓ 화분		

재배 일정

월	1			2			3			4			5			6			7			8			9			10			11			12		
	상	중	하	상	중	하	상	중	하	상	중	하	상	중	하	상	중	하	상	중	하	상	중	하	상	중	하	상	중	하	상	중	하	상	중	하
일정									▼	▼	▼				▨	▨						▼	▼				▨	▨	▨							

▼ 밑동심기 또는 정리하기　▨ 수확

재배 과정

준비물　미나리(밑동), 저면관수용 화분, 혼합상토, 물뿌리개

96

🌱 미나리 심기

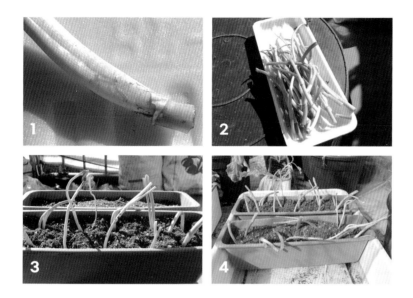

1 대부분 뿌리가 없이 다듬어진 미나리를 판매하는데 아무 미나리나 구입해도 상관 없다.

2 미나리는 마디에서 뿌리가 나오기 때문에 줄기가 두껍고 튼튼한 아래쪽 마디를 기 준으로 6~9cm 길이로 자른다.

3 화분에 혼합상토를 담고 절단한 미나리를 10cm 간격으로 꽂아 심는다.

4 정식 후 뿌리 내릴 때까지 물을 담은 통에 화분을 올려준다.

물주기

줄기를 심은 후부터 저면관수 방식으로 수분이 부족하지 않게 한다.

웃거름(추비) 선택사항

줄기가 10~15cm 정도일 때 1차, 20cm 정도일 때 2차에 걸쳐 비료나 퇴비를 준다.

수확하기

정식 후 30~50일 정도가 되면 30cm 이상 자랐을 때 수확한다.

밑동을 3~4cm 남기고 베어서 수확한다.

꽃이 피는 시기를 제외하고 자라는 대로 수확이 가능하나 가을에는 낮의 길이가 짧아 줄기의 길이가 짧아지고 질겨지는 경향이 있다.

병해충

- **주요 병해** 반점고사병, 갈반병, 녹병
- **주요 충해** 고부랑 진딧물, 달팽이, 응애

마트 미나리 번식과 키우는 방법(7개월)

상추

상추는 생각보다 재배 기간은 길지만 수확시기는 짧다. 봄에 심어 어느 정도 수확하면
벌써 여름이 되어 꽃이 피기 시작하기 때문이다. 처음 씨뿌리기부터 할 때는
좀 어려울 수 있는데 온도와, 수분 그리고 햇볕이라는
3가지의 조건만 맞으면 무척 쉬운 작물이다.

🌿 환경 조건

학명	Lactuca sativa L	재배 가능	텃밭, 옥상, 베란다
영명	Lettuce	재배 난이도	★★★☆☆
원산지	서아시아, 지중해 연안	파종방법	직파, 모종
분류	국화과	발아 특성	광발아 종자
토양산도	pH 5.8~6.6	싹트는 온도	15~20℃
토양	통기성과 수분 함량이 충분한 토양	싹트는 기간	7일
종류	결구상추, 버터헤드상추, 로메인, 잎상추, 줄기상추, 라틴 상추 등	일조량	8시간 이상
		평균 재배온도	15~20℃
영양성분	락투카리움, 비타민 A, 비타민 B, 비타민 C 등	최저온도	-5℃
화분 크기	깊이 7cm 이상의 사각화분, 5~7ℓ 화분	재식거리	15x15cm

재배 일정

월	1 상	1 중	1 하	2 상	2 중	2 하	3 상	3 중	3 하	4 상	4 중	4 하	5 상	5 중	5 하	6 상	6 중	6 하	7 상	7 중	7 하	8 상	8 중	8 하	9 상	9 중	9 하	10 상	10 중	10 하	11 상	11 중	11 하	12 상	12 중	12 하
봄 재배									●				🪣																							
여름재배																	●			🪣																
가을재배																							●			🪣										

● 씨뿌리기　🪣 모종 심기　▨ 수확

재배 과정

준비물　씨앗, 모종, 화분, 혼합상토, 물뿌리개, 모종삽

씨앗 확인

상추 씨앗을 사면 1,000립 정도가 들어 있다. 이를 모두 파종하면 상당한 양이 된다.

따라서 가족 수에 맞춰 1인 기준 5~7립 정도의 씨앗으로 잡아 파종하는 것도 좋다.

※ 계속 상추를 수확하고 싶다면 한 달 간격으로 파종한 다. 씨앗을 모두 심었다면 솎아주며 어린 상추는 샐러 드나 비빔용 야채로 쓸 수 있다.

🌱 씨앗 심기

씨앗이 겹치지 않도록 10cm 간격으로 5mm 깊이로 심고 빛을 좋아하므로 씨 뿌린 후 흙을 얇게 덮어주어야 발아율을 높일 수 있다.

빛이 부족하거나 바람이 통하지 않은 곳은 줄기가 길어지는 웃자람이 일어난다.

씨앗이 튀거나 흘러나오지 않게 천천히 물을 흠뻑 준다.

줄뿌림이나 흩어뿌림으로 파종했을 경우 겹쳐 나온 상추는 본잎이 5~7장이 되었을 때 솎아서 옮겨주거나 어느 정도 키워 수확하면서 조금씩 공간을 넓혀 키운다.

모종 심기

긴 사각화분이라면 15×20cm 간격으로 모종을 심고, 5~7ℓ 화분이라면 단독으로 심는다.

물주기

상추는 물이 부족하면 쓴맛이 나기 때문에 항상 촉촉한 상태를 유지해준다.

매일 흙 상태를 보면서 4월은 2~3일에 1회, 5월은 1일 1회, 6월부터 1일 2회로 늘려준다.

웃거름(추비) 선택사항

상추는 웃거름 없이 대체적으로 잘 자라는 작물 중 하나지만, 수확기에 접어들어 포기 사이에 NK 위주의 웃거름을 주면 좋다. 이때 비료가 너무 과하면 잎이 질겨진다.

수확하기

잎상추는 정식 후 30일경부터 수확이 가능하며, 뿌리가 활착되어 왕성한 생육을 보이기 시작하면 겉잎부터 차례로 수확한다.

상위 잎 3~5매는 남겨두고 수확해야 광합성을 하여 성장한 잎을 수확할 수 있다.

기온이 올라가는 7월에 꽃이 핀 상추는 매우 질기고 대단히 쓰다. 따라서 씨를 얻기 위해 몇 포기 놔두는 경우를 제외하고는 꽃대가 나면 꺾어주거나 수확을 마무리한다.

병해충

- **주요 병해** : 균핵병, 노균병, 시들음병, 무름병, 잿빛곰팡이병, 뿌리썩음병
- **주요 충해** : 총채벌레, 아메리카 잎굴파리, 진딧물, 명주달팽이

한 번 파종한 상추 씨앗으로 봄부터 겨울까지 1년 재배

화분에 다이소 양상추 씨앗을 키워 샌드위치 해먹기

양배추

봄재배의 경우 온상에서 육묘하여 5월 초에 정식하고,
가을재배는 고온기인 7월에 파종하여 가을의 알맞은 온도에 결구를 완성시키는 형태이다.
이때의 양배추는 생육 초기의 고온에 견딜 수 있고 생육기간 중 비교적 적은 일조 조건하에
서도 결구가 잘되는 품종이 적합하다.

🌱 환경 조건

학명	Brassica oleracea var. capitata	재배 가능	텃밭, 옥상, 베란다
영명	Cabbage	재배 난이도	★★★☆☆
원산지	지중해 연안, 서아시아	파종방법	직파, 모종
분류	배추과	발아 특성	광발아 종자
토양산도	pH 5.5~6.8	싹트는 온도	20~22℃
토양	배수 및 보수력이 좋은 토양	싹트는 기간	2~3일
종류	푸른 양배추, 적양배추, 오르라기 양배추, 방울 양배추	일조량	8시간 이상
		평균 재배온도	15~20℃
영양성분	단백질, 당질, 무기질, 비타민 A, 비타민 B1, 비타민 B2, 비타민 C 등	최저온도	5℃
		재식거리	25~30cm
화분 크기	15ℓ 화분		

재배 일정

월	1 상	1 중	1 하	2 상	2 중	2 하	3 상	3 중	3 하	4 상	4 중	4 하	5 상	5 중	5 하	6 상	6 중	6 하	7 상	7 중	7 하	8 상	8 중	8 하	9 상	9 중	9 하	10 상	10 중	10 하	11 상	11 중	11 하	12 상	12 중	12 하
봄 재배									●				🪴										▒													
가을재배																				●			🪴									▒				

● 씨뿌리기　🪴 모종 심기　▒ 수확

재배 과정

준비물　씨앗, 모종, 화분, 혼합상토, 물뿌리개, 모종삽

🌱 씨앗 심기

구멍에 1~3알을 파종한 후 흙을 덮을 때 너무 깊거나 얕지 않게 하는데 종자 두께의 2~3배가 적당하다.

육묘 기간은 시기에 따라 차이가 있으나 일반적으로 30~40일 정도이며, 본잎이 3~4매 정도 됐을 때 튼튼한 모종을 남기고 솎아준다.

모종 심기

양배추는 어릴 때는 생육이 늦으므로 육묘하여 아주 심기 하는 것이 좋으며 생육 정도는 품종에 따라 차이가 있으나 본잎이 3~4매 정도일 때 심는다.

정식 전에는 어린모에 충분히 물을 주면 몸살이 적다.

바깥 잎이 충분히 자란 후에 양배추가 결구하므로 재식거리를 비교적 넓게 해준다.

물주기

5월 하순부터 결구기에 수분이 부족하면 결구가 잘 안 되고 품질이 나빠지므로 1~2일에 한 번씩 아침이나 저녁에 물을 주는 것이 좋다.

웃거름(추비) 선택사항

추비 시기는 결구개시 전 15일경에 주는 것이 좋으며 결구가 시작되었을 때 추비를 끝낸다.

수확하기

손바닥으로 위에서 눌렀을 때 단단하면 결구가 된 것이므로 수확하면 되고, 결구가 되기 전에 잎을 수확하려면, 바깥쪽 잎을 2~3장 떼어서 수확하면 된다. 이때 지나치게 많은 양의 바깥 잎을 수확할 경우 결구가 쉽게 되지 않는 것에 유의해야 한다.

병해충

- **주요 병해** : 뿌리혹병, 시들음병, 노균병 등
- **주요 충해** : 각종 나방, 나비류와 달팽이, 진딧물, 잎벌레 등

3월에 파종한 양배추 키우기

4월에 심는 작물

보통 4월에 심는 작물은 모종보다는 파종하는 경우가 많다. 아직까진 늦서리와 밤의 기온이 낮아 작물이 생육하기에는 위험 요소가 많다. 하지만 본격적인 텃밭 가꾸기의 시작은 4월에 이루어져야 한다.

4월은 5월의 모종 정식을 위해 밭을 만들고 작물의 위치를 잡아주는 등 효율적인 농사를 짓기 위한 계획과 무엇보다 텃밭의 활용도를 높일 수 있도록 미리미리 준비하는 달이다.

	토마토 4월 상순~6월 상순		수박 4월 중순
	수세미 4월 중순		청경채 4월 중순
	토란 4월 중순~5월		생강 4월 하순
	옥수수 4월 하순		참외 4월 하순
	땅콩 4월 하순		오크라 4월 하순

이 외에도 4월에 준비 할 작물로는 시금치, 호박, 여주, 옥수수, 잎들깨, 양상추, 적상추, 로메인상추, 부추, 쑥갓, 수박, 토마토, 참외, 메론 등이 있다.

잎들깨

잘 자라는 온도는 20℃ 전후로, 서늘한 기후를 좋아하고 건조한 것보다는 습한 곳이 좋다.

건조한 환경에 강하지만 잎이 질겨지는 성질이 있다.

가을에 접어드는 9월부터 꽃이 피기 시작하므로 시기에 맞춰 심어준다.

🌿 환경 조건

학명	Perilla frutescens var. japonica Hara	재배 가능	텃밭, 옥상, 베란다
영명	Leaf perilla	재배 난이도	★★★☆☆
원산지	한국 등 동부아시아	파종방법	직파, 모종
분류	꿀풀과	발아 특성	광무관 종자
토양산도	pH 6.5~7.0	싹트는 온도	10~20℃
토양	토양은 그다지 가리지 않음	싹트는 기간	6~10일
종류	남천들깨, 만백들깨, 보건들깨 등	일조량	8시간 이상
영양성분	비타민A, 비타민C, 칼륨, 칼슘, 마그네슘	평균 재배온도	20~30℃
화분 크기	깊이 20cm 이상의 15~20ℓ 화분	최저온도	5℃
		재식거리	20~30cm

재배 일정

월	1			2			3			4			5			6			7			8			9			10			11			12		
	상	중	하	상	중	하	상	중	하	상	중	하	상	중	하	상	중	하	상	중	하	상	중	하	상	중	하	상	중	하	상	중	하	상	중	하
일정										●	●		🪴																							

● 씨뿌리기　🪴 모종 심기　▨ 수확

재배 과정

준비물 씨앗, 모종, 화분, 혼합상토, 물뿌리개, 모종삽

🌱 씨앗 심기

들깨를 키우기 전 가장 먼저 고려해야 할 점이 화분 크기를 미리 정해야 한다는 것이다.

들깨의 뿌리는 화분 전체 공간을 꽉 찰 만큼 뻗어 나가기에 화분의 크기에 따라 들깨의 크기가 정해진다.

구멍에 씨앗을 2~3개씩 넣고 얇게 흙을 덮어준다.

건조하지 않도록 물을 충분히 준다.

싹이 나온 후 과습하면 잘록병이 발생할 수 있다.

씨뿌림 후 본엽 1~2매가 나오면 1~2회에 걸쳐 1그루만 남기고 솎아준다.

모종 심기

크게 키우고 싶다면 단독으로 심어주거나 20cm 간격으로 심는다.

팁번(Tip burn)

잎 끝이 타는 현상을 팁번이라 하는데 주로 무더운 날씨가 지속되어 건조하거나, 칼슘의 결핍으로 발생할 수 있으니 수분을 일정하게 유지해줘야 한다.

물주기

잎이 시들지 않도록 약간 촉촉한 정도로 유지해준다.

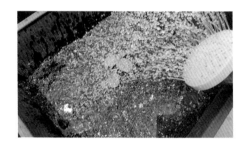

웃거름(추비) 선택사항

잎들깨는 재배기간이 길기 때문에 밑거름보다는 웃거름 위주의 시비가 필요하다.

20일 간격으로 잎들깨의 생육을 관찰하며 복합비료나 NK비료 또는 퇴비를 소량씩 자주 주는 것이 좋다.

114

수확하기

잎들깨 수확은 씨뿌림 후 봄에는 40~50일이면 수확이 가능하며 여름 씨뿌림은 40일이면 수확이 가능하다.

한꺼번에 전부 수확하면 나무가 연약해지면서 병에 걸리기 쉽다. 덜 퍼진 상위 2~4잎은 남겨두고 그 아래의 잎을 계속 수확한다.

씨앗받기

9월부터 낮의 길이가 짧아지면 꽃이 보이기 시작하고 잎이 작아지며 더 이상 새로운 잎이 나오지 않게 된다. 씨앗을 받아서 다음 해 다시 이용할 수 있다.

병해충

- **주요 병해** : 잿빛곰팡이병, 노균병, 역병, 균핵병
- **주요 충해** : 담배나방, 파밤나방, 거세미나방, 진딧물, 민달팽이

화분에 깻잎을 나무처럼 크게 키워보기

토마토

강한 광선을 좋아하는 채소로, 충분히 광합성을 시켜준다.

영양분 손실을 줄이기 위해 곁순을 수시로 제거하고

지주대를 세워 식물체가 넘어지지 않도록 한다.

🌿 환경 조건

학명	Lycopersicon esculentum Mil	재배 가능	텃밭, 옥상, 베란다
영명	Tomato	재배 난이도	★★★☆☆
원산지	남아메리카	파종방법	직파, 모종
분류	가지과	발아 특성	암발아 종자
토양산도	pH 7.0~8.0(산성에 가장 약한 작물)	싹트는 온도	28℃
토양	pH 6.0~6.4	싹트는 기간	4~5일
종류	완숙형, 미숙형, 송이토마토, 방울토마토 등	일조량	8시간 이상
영양성분	비타민 A, 비타민 C, Rutin(비타민 P), 리코핀, 카로틴	평균 재배온도	25~27℃
화분 크기	깊이 20cm 이상의 15~20ℓ 화분	최저온도	-1~-2℃
		재식거리	90×40~50cm

재배 일정

월	1			2			3			4			5			6			7			8			9			10			11			12		
	상	중	하	상	중	하	상	중	하	상	중	하	상	중	하	상	중	하	상	중	하	상	중	하	상	중	하	상	중	하	상	중	하	상	중	하
일정										●			▼																							

● 씨뿌리기　▼ 모종 심기　▨ 수확

재배 과정

준비물　모종, 화분, 혼합상토, 모종삽, 물뿌리개, 지주대, 끈

🌱 씨앗 심기

씨앗이 작기 때문에 씨앗끼리 간격을 두고 5~10mm 깊이로 흙을 덮어준다.

4월에 씨앗을 심으면 보통 30~40일 정도 키운다.

모종 심기

구멍을 뚫고 40~50cm 간격을 두고 심는다. 심은 후 물을 충분히 준다.

지주대 세우기

비와 바람에 쓰러지는 것을 막기 위해서 토마토를 심은 후 10일 정도 지나면 일정한 간격으로 120~150cm의 지주대를 꽂고 끈으로 묶어준다.

곁순 제거

방울토마토는 뿌리에서 이어지는 원대가 굵고 튼튼하게 성장하기 위해 원대와 잎 사이에서 새순이 나오는데 이 곁순은 보이는 대로 제거한다.

118

물주기

보통 2~3일 간격으로 주며 여름에는 1일 1~2회씩 겉흙이 마르지 않도록 자주 준다.

웃거름(추비) 선택사항

토마토는 모종 정식 후 15일쯤 1차 웃거름을 주고 이후 20일 간격으로 3차에 걸쳐 준다.

수확하기

수정 후 3~5일이면 토마토가 열리며 저온기에는 45~50일, 고온기에는 35~40일이면 수확할 수 있다.

병해충

- **생리장해** : 배꼽썩음과, 공동과, 기형과, 창문과, 줄썩음과, 열과, 착색불량과, 그물과
- **주요 병해** : 잿빛곰팡이병, 잎곰팡이병, 역병, 풋마름병, 시듦병, 바이러스
- **주요 충해** : 온실가루이, 파밤나방, 복숭아혹진딧물

마트에서 구입한 방울 토마토 키우기

수박

텃밭재배는 외부기온이 차츰 따뜻해지는 시기이기에 최저 지온이 15℃ 이상 충분히 상승하면 바람이 없는 맑은 날을 골라서 하는 것이 초기에 몸살을 줄이고 뿌리내림을 좋게 한다. 수박을 심는 위치는 덩굴의 배치를 고려하여 결정한다.

🌿 환경 조건

학명	Citrullus lanatus	재배 가능	텃밭, 옥상, 베란다
영명	Watermelon	재배 난이도	★★★☆☆
원산지	남아프리카	파종방법	직파, 모종
분류	박과	발아 특성	암발아 종자
토양산도	pH 5.5~6.8	싹트는 온도	20~25℃
토양	심토가 깊은 사질양토	싹트는 기간	4~5일
종류	무등산수박, 애플수박, 흑피수박, 노란수박, 블랙망고수박, 복수박, 베게수박, 씨 없는 수박 등	일조량	8시간 이상
		평균 재배온도	25~30℃
영양성분	단백질, 칼슘, 인, 철, 카로틴, 비타민 B1 비타민 B2, 니아신 등	최저온도	0~2℃
		재식거리	35~45×300cm
화분 크기	깊이 20cm 이상의 15~20ℓ 화분		

재배 일정

구분	1			2			3			4			5			6			7			8			9			10			11			12		
	상	중	하	상	중	하	상	중	하	상	중	하	상	중	하	상	중	하	상	중	하	상	중	하	상	중	하	상	중	하	상	중	하	상	중	하
일정										●			▼	▼							▨	▨	▨	▨												

● 씨뿌리기　▼ 모종 심기　▨ 수확

재배 과정

준비물　씨앗, 모종, 트레이, 화분, 혼합상토, 물뿌리개, 모종삽

🌱 씨앗 심기

씨앗에 물을 뿌려 수분을 준 뒤 키친타올에 싸서 25~30℃ 되는 어두운 곳에 1~2일 두었다가, 싹의 크기가 1~2mm될 때 트레이에 파종한다.

하얀 싹은 후에 뿌리가 되므로 아래로 향하도록 심어준다.

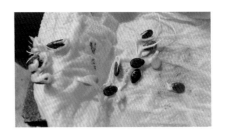

모종 심기

본잎이 4~5매가 될 때 화분에 모종을 심고 모종 뿌리가 흙에 잘 접촉될 수 있도록 물을 충분히 준다.

순지르기(적심)

본잎이 4~5매 될 때 원줄기를 순지르기 하여 곁순을 2개 남겨 유인한다.

1과를 착과시키는 것이 보통이므로 유인한 두 개의 줄기의 12마디 부근에서 착생되는 2~4째 암꽃에 착과시키는 것이 좋다. 텃밭에서는 자연수분이 가능하나 확실한 착과를 위해서는 꽃이 핀 날 아침(8~9시 전) 수꽃의 꽃가루를 암꽃의 암술머리에 가볍게 문질러 준다.

아들덩굴

어미덩굴

인공수분

수박의 암꽃이 처음 붙어 자란 후에는 5~8마디 간격으로 암꽃이 핀다.

오전 5시 전에 이미 수꽃이 먼저 피고 뒤따라 암꽃이 핀다. 꽃가루는 오전 6시경부터 꽃밥이 터지기 시작하여 오전 8시경이면 수정 능력이 최고에 달하므로 교배는 아침 일찍 가능한 한 오전 9시 이전에 마치는 것이 좋다.

인공수분은 곤충이 들어올 수 없는 베란다나 인위적으로 수박이 달리는 착화 마디를 조절할 때 사용하지만 텃밭은 꿀벌이나 여러 가지 곤충으로 자연수분이 이루어진다.

방임재배

텃밭의 수박은 하루가 다르게 성장하기에 수박 키우는 과정에서 정석대로 순지르기하며 수박을 키우는 것은 한계가 있다. 순지르기가 늦을 경우 웃거름과 수분을 충분히 공급하며 방임으로 키우는 방법도 있다.

물주기

모종을 심은 뒤 충분히 물을 주고, 2~3일 정도 물주기를 금한다. 6월 이후부터 1일 1회 충분히 물을 준다.

웃거름(추비) 선택사항

모종을 심고 15일 정도에 1차, 꽃이 피기 시작하면 2차로 나눠 복합비료나 퇴비를 준다.

수확하기

대과종 수박의 수확시기 판단 방법은 착과 후 40~45일경 착과한 마디의 덩굴손이 말랐거나 과실 표면이 윤기가 나고 호피무늬가 선명할 때, 두드리면 통통하는 경음이 날 때, 꽃자리를 눌렀을 때 탄력이 있으면 수확 적기이므로 수확하면 된다.

병해충

- **주요 병해** : 탄저병, 덩굴마름병, 역병, 흰가루병, 균핵병, 과일썩음병, 바이러스병
- **주요 충해** : 진딧물, 응애, 목화바둑명나방, 파밤나방, 총채, 아메리카잎굴파리, 토양선충

마트에서 구입한 수박 키우기

애플수박

600g~1.5kg 정도 되는 미니 수박으로, 사과처럼 작고 껍질이 얇은 수박이다.

기존 수박보다 훨씬 작아 1인가구 수요가 높다.

다만 맛 자체는 큰 수박보다 부족하다.

재배가 아주 쉬워 텃밭이나 주말농장, 조그만 공간만 있으면 쉽게 재배할 수 있다.

재배 일정

구분	1			2			3			4			5			6			7			8			9			10			11			12		
	상	중	하	상	중	하	상	중	하	상	중	하	상	중	하	상	중	하	상	중	하	상	중	하	상	중	하	상	중	하	상	중	하	상	중	하
일정													▼							▨	▨	▨	▨													

▼ 모종 심기 ▨ 수확

재배 과정

준비물 씨앗, 모종, 화분, 혼합상토, 물뿌리개, 모종삽, 유인망, 집게

🪴 모종 심기

포기 간격은 40~50 cm로 넉넉히 띄워 심어준다.

유인망 설치

유인망으로 벽이나 지주에 유인하여 키우며, 이
때 자라는 덩굴은 계속해서 집게나 끈을 이용해
고정시켜줘야 한다.

순지르기

본잎이 4~5매 될 때 원줄기를 순지르기하고 아
들줄기(곁순)을 여러 개 유인한다.

심고 나서 25일 정도 지나면 암꽃과 수꽃이 연
속으로 피는데 이때 야생벌과 곤충에 의해 수분이
이루어진다.

물주기

겉흙이 말랐을 때 물구멍 밖으로 물이 충분히 나
올 만큼 흠뻑 준다.

웃거름(추비) 선택사항

밑거름보다는 웃거름 위주로 초세관리
를 하면서 재배해야 다수확을 할 수 있다.

모종을 심고 20일 간격으로 3차에 걸쳐
비료나 퇴비를 준다.

수확하기

애플수박은 수정 착과 후 30~35일을 기준으로 수확하는 것이 좋다.

텃밭 재배 시 고온이 계속되는 해에는 2~4일 정도 일찍 수확하는 것이 좋다.

15ℓ 화분에 애플수박 키우기

수세미

동남아시아가 원산지인 수세미는 고온성 작물이다.

꽃은 여름에 잎겨드랑이에서 노란색으로 피고 암꽃과 수꽃이 한 그루에 따로 핀다.

병해충이 적고 식물체의 활력이 다른 덩굴성 작물보다 늦게까지 유지되는 편으로,

박과채소 중 재배하기 쉬운 편에 속한다.

어린 열매는 요리해서 먹고, 가을까지 놔두어 껍질이 갈색으로 변한 열매는

수세미로 사용한다.

🌿 환경 조건

학명	Luffa aegyptiaca	재배 가능	텃밭, 옥상
영명	Sponge gourd	재배 난이도	★★★☆☆
원산지	인도 열대지방	파종방법	직파, 모종
분류	박과	발아 특성	암발아 종자
토양산도	pH 5.4~6.8	싹트는 온도	25~30℃
토양	토심이 깊고 비옥한 토양	싹트는 기간	7일
종류	수세미, 긴수세미, 십각수세미	일조량	8시간 이상
영양성분	탄수화물, 지방, 단백질, 식이섬유	평균 재배온도	20~30℃
화분 크기	깊이 20cm 이상의 15~20ℓ 화분	재식거리	60~70×120~180cm

재배 일정

월	1 상	중	하	2 상	중	하	3 상	중	하	4 상	중	하	5 상	중	하	6 상	중	하	7 상	중	하	8 상	중	하	9 상	중	하	10 상	중	하	11 상	중	하	12 상	중	하
씨앗								●	●	●	●																									
모종													▼	▼	▼																					
수확																▨	▨	▨	▨	▨	▨	▨	▨	▨	▨	▨	▨	▨	▨	▨						

● 씨뿌리기   ▼ 모종 심기   ▨ 수확

※ 수세미는 단일에 암꽃이 많이 피고 장일에 수꽃이 핀다. 6월에 심으면 열매가 안 열리고 잎만 무성하므로 5월 상순에 심는 것이 좋다.

재배 과정

준비물   씨앗, 모종, 화분, 혼합상토, 물뿌리개, 모종삽

🌱 씨앗 심기

씨앗 심기 전 하루 정도는 씨를 물에 넣어 불린 후 한 구멍에 2~3개씩 넣고 얇게 흙을 덮어준다.

씨뿌림 후 본엽 1~2매가 나오면 1~2회에 걸쳐 1본만 남기고 솎아준다.

모종 심기

60~70cm 간격으로 뿌리 부분보다 크게 구멍을 파고 모종을 얹은 후 흙으로 덮어준다.

뿌리가 다치지 않게 모종이 고정될 정도로만 눌러준 후 물을 충분히 준다.

곁가지 제거

수세미는 곁가지에서 암꽃이 많이 핀다. 1m까지는 원줄기에서 나오는 곁가지를 모두 제거하고 그 후는 방임하면서 곁가지를 키우면 많은 열매를 얻을 수 있다.

유인망 설치

수세미는 최대 8m까지 자라는 덩굴성 식물이므로 잎이 5~6매 이상 자라면 유인망을 설치해준다.

물주기

수분이 풍부한 토양을 좋아하지만 과습에는 약하다. 열매가 달리기 시작할 때 물을 많이 주어야 한다.

5월에는 2~3일에 한 번 정도 물을 주지만, 여름철에는 잎이 처지지 않게 매일 준다.

웃거름(추비) 선택사항

수세미는 생육 기간이 길고 잎과 줄기가 무성하게 자라므로 6월 상순, 7월 중순, 8월 하순에 걸쳐 웃거름을 준다. 줄기 아랫부분의 노화된 잎은 영양분을 소모하고 병도 올 수 있기 때문에 지저분해진 잎은 잘라준다.

수확하기

초기에는 꽃이 피고 14~15일, 한여름에는 7~8일 후에 자란 어린 열매(작은 오이 크기)를 식용으로 이용한다.

파종 후 3~4개월 뒤 수확이 가능하다. 열매가 갈색이 되면 수확하고, 끓는 물에 데쳐서 겉껍질을 벗겨 씨를 뺀 후 사용한다. 천연수세미는 누런색이지만 수산화나트륨(NaOH) 용액이나 락스에 처리하면 흰색이 되며 건조하여 여러 용도로 활용할 수 있다.

병해충

- **주요 병해** : 덩굴쪼김병, 모자이크병, 노균병, 배꼽썩음병, 동부병
- **주요 충해** : 진딧물, 도둑나방, 점박이응애

천연수세미는 맛있습니다

청경채

배추과에 속하는 1년생 초본으로, 차고 서늘한 기후에서 잘 자라지만 더위에도 강하다.

생육 초기 저온에서 자라다가 점점 낮이 길어지는 장일 조건이 되면 꽃이 피므로,

봄에 씨앗을 뿌릴 때는 온도가 13~14℃ 이상 되도록 하여 꽃눈의 분화를 막는다.

🌿 환경 조건

학명	Brassica campestris var. chinensis	재배 가능	텃밭, 옥상, 베란다
영명	pak-choi	재배 난이도	★☆☆☆☆
원산지	중국	파종방법	직파, 모종
분류	배추과	발아 특성	광무관 종자
토양산도	pH 6.5~7.0	싹트는 온도	15~25℃
토양	유기질이 풍부한 토양으로 배수가 양호한 곳	싹트는 기간	3~4일
영양성분	비타민 A, 비타민 C, 칼슘	일조량	8시간 이상
화분 크기	7.5ℓ 화분	평균 재배온도	20~25℃
재식거리	15cm	최저온도	12~13℃

재배 일정

월	1			2			3			4			5			6			7			8			9			10			11			12		
	상	중	하	상	중	하	상	중	하	상	중	하	상	중	하	상	중	하	상	중	하	상	중	하	상	중	하	상	중	하	상	중	하	상	중	하
일정											●		🪴					▓	▓	▓				●							▓	▓				

● 씨뿌리기   🪴 모종 심기   ▓ 수확

재배 과정

준비물 씨앗, 모종, 화분, 혼합상토, 물뿌리개, 모종삽

🌱 씨앗 심기

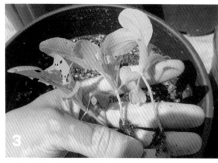

1 모종 간격은 15cm로, 1구에 2~3립씩 파종한다.

2 직파의 경우 토양이 건조하면 발아가 나빠지므로 파종 후부터 발아까지는 토양이 건조해지지 않도록 물을 주어야 한다.

3 직파의 경우 본엽 1.5~2매 때 포트당 1주만 남기고 솎아준다

모종 심기

육묘의 경우는 포트에서 본엽이 2~3매까지 키워 정식한다. 재식거리는 직파의 경우처럼 15cm×10cm 재배도 가능하다.

물주기

청경채는 정식 후 2~3일에 한 번씩 건조해지지 않도록 적절한 물주기를 한다.

고온건조기에는 생리장해인 칼슘 결핍이 잎면에 나타나므로 그만큼 물 관리가 중요하다

웃거름(추비) 선택사항

　정식 후 20일쯤 복합비료나 퇴비를 주는 것이 좋다. 질소비료를 많이 주게 되면 세균성 썩음병이 발생하기 쉽다.

수확하기

　청경채는 재배시기에 따라서 수확시기가 많이 차이난다.

　봄 파종 시는 씨앗 파종 후 40~50일, 여름에는 30~35일, 가을과 겨울에는 40~60일경 수확한다. 150~200g 정도의 것을 크기가 큰 것부터 밑둥을 잘라 수확한다.

　한 장씩 수확하려면 겉잎부터 낱장으로 수확하고 안쪽 잎을 남기면 계속 자라서 재수확이 가능하다.

　수확시기에 맞춰 기온이 오르면 꽃이 필 수 있다. 꽃이 피면 양분이 꽃으로 가기 때문에 꽃대를 제거해주는 것이 좋다.

병해충

• **주요 병해** : 노균병, 무름병
• **주요 충해** : 진딧물, 응애, 배추좀나방

난이도 쉬움. 화분에 청경채 키우기

토란

씨토란을 파종하고 발아하기까지 상당한 시간이 걸리고

발아 적정 온도를 맞추기가 쉽지 않기 때문에 화분에 심기엔 조금 어려운 작물 중 하나이다.

건조에 매우 약하므로 가물 때에는 물을 준다.

토란에는 독성이 있어 수확하는 과정이나 껍질을 깔 때 주의가 필요하다.

🌿 환경 조건

학명	Colocasia esculenta	재배 가능	텃밭, 옥상
영명	Taro	재배 난이도	★★★☆☆
원산지	동남아시아	파종방법	직파, 모종
분류	천남성목	발아 특성	광무관 종자
토양산도	pH 5.7~7.4	싹트는 온도	25~30℃
토양	배수 및 보수력이 좋은 토양곳	일조량	8시간 이상
종류	팔도알토란, 석천조생환	평균 재배온도	20~25℃
영양성분	칼슘, 인, 철분, 비타민	재식거리	25~30cm
화분 크기	깊이 20cm 이상의 15~20ℓ 화분		

재배 일정

구분	1			2			3			4			5			6			7			8			9			10			11			12		
	상	중	하	상	중	하	상	중	하	상	중	하	상	중	하	상	중	하	상	중	하	상	중	하	상	중	하	상	중	하	상	중	하	상	중	하
일정											●		▼														▨	▨	▨								

● 씨뿌리기　▼ 모종 심기　▨ 수확

재배 과정

준비물　자구용 토란, 화분, 혼합상토, 물뿌리개, 모종삽

🌱 토란 심기

씨토란의 경우 4월 중순경에 약 25~30cm 간격을 유지하며 싹이 위로 향하도록 약 5~ 10cm 묻어서 건조해지지 않도록 자주 물을 주는 것이 좋다.

북주기

토란을 재배할 때는 북주기가 필수이다. 여름이 되어 많이 크면 뿌리 위로 토란이 달리니 2~3회에 걸쳐 주변을 흙으로 덮어준다.

곁가지 제거

자구에서 곁가지가 나오는데 곁가지를 제거하면 토란이 크고 굵어진다.

물주기

토란은 다소 습한 토양에서 잘 자라며 토양이 건조하면 수확량이 줄어든다. 건조에 매우 약하므로 겉흙이 마르지 않게 유지해 준다.

웃거름(추비) 선택사항

웃거름을 따로 주지 않아도 되지만 재배기간이 긴 편이기 때문에 포기당 한줌 정도의 퇴비를 준다.

웃거름을 주는 시기는 싹이 나오고 5월 하순, 6월 하순, 7월 하순 순이다. 이때 2~3차를 주며 8월 이후부터는 저장성과 맛이 떨어지는 관계로 웃거름을 주지 않는다.

수확하기

토란은 크게 토란대 수확과 뿌리줄기인 알토란을 수확한다.

토란대는 9월 말~10월 중순 서리 내리기 전까지 수확하여 말려 보관한다.

알토란 수확은 줄기를 베고 땅속에 두었다가 서리가 오면 기온이 영하로 내려가기 전에 캔다.

캐낸 알토란은 묻은 흙을 털지 말고 그대로 그늘에 말려준다.

수확한 토란은 흙 묻은 채 신문지에 싸서 서늘한 장소에 보관하거나 화분에 흙을 채워 묻어두는 방법도 있다.

병해충

- **주요 병해** : 역병, 부패병, 반점세균병
- **주요 충해** : 거세미 나방, 점박이응애, 진딧물

화분에서도 잘 자라는 토란

호박

호박은 암수 한 그루로, 토양 적응성이 넓고 박과채소 중 저온에 가장 잘 견디기 때문에
과채류 중에서는 일찍 정식된다.

그러나 서리에 극히 약하기 때문에 텃밭의 조기 정식에는 비닐을 씌워야 한다.

🌿 환경 조건

학명	Cucurbita spp	재배 가능	텃밭, 옥상, 베란다
영명	Pumpkin, Squash	재배 난이도	★★★☆☆
원산지	남아메리카	파종방법	직파, 모종
분류	박과	발아 특성	암발아 종자
토양산도	pH 5.5~6.8	싹트는 온도	25~30℃
토양	토심이 깊고 비옥한 토양	싹트는 기간	4~5일
종류	동양종(애호박, 풋호박), 서양종(단호박, 늙은 호박), 페포종(주키니 호박), 종간 교잡종	일조량	8시간 이상
		평균 재배온도	18~30℃
영양성분	탄수화물, 단백질, 칼슘, 마그네슘, 비타민 B, 비타민 C	최저온도	0~2℃
		재식거리	2m
화분 크기	깊이 20cm 이상의 20ℓ 화분		

재배 일정

구분	1			2			3			4			5			6			7			8			9			10			11			12		
	상	중	하	상	중	하	상	중	하	상	중	하	상	중	하	상	중	하	상	중	하	상	중	하	상	중	하	상	중	하	상	중	하	상	중	하
일정											●	●	▽			▨	▨	▨	▨	▨	▨	▨	▨	▨	▨	▨	▨	▨								

● 씨뿌리기   ▽ 모종 심기   ▨ 수확

재배 과정

준비물   씨앗, 모종, 화분, 혼합상토, 물뿌리개, 모종삽

🪴 씨앗 심기

호박씨눈이 아래로 향하게 씨앗을 2cm 깊이로 심어 주고 물을 흠뻑 준다. 호박 파종시기가 4월 중순부터 가능하기 때문에 싹이 나오고 냉해 피해가 없도록 미니 비닐하우스를 만들어 준다.

모종 심기

호박의 본엽이 5~6매가 되면 포기 간격을 2m로 잡고 심는다.

정식은 5월 상순경 바람이 없고 따뜻한 날에 묘 뿌리가 끊이지 않도록 주의하며, 가능한 얕게 심어야 뿌리의 활착이 빠르다.

줄기 유인

보통 호박은 4가지 방법으로 키운다.

1 원줄기만 길게 키우는 경우.
2 원줄기와 아들줄기만 키우는 경우.
3 아들줄기 2줄기만 키우는 경우.
4 방임재배.

1번 원줄기만 키우는, 1줄로 관리하는 경우가 아닌 이상 나머지 2, 3번의 방법은 2개의 줄기를 관리해야 하기 때문에 모종 심는 간격을 1m 이상 유지해주는 것이 좋다. 줄기에서 나오는 곁순은 제거해주고 자주 돌볼 수 없는 상태라면 방임하여 키우는 것도 방법이다.

인공수분

호박은 한 그루에 암꽃과 수꽃이 따로 피기 때문에 인공수분하여 열매를 착과시키는 것이 좋다.

인공수분은 수꽃을 따서 꽃잎을 제거한 후 암술대에 꽃가루가 골고루 묻도록 발라준다.

물주기

줄기도 길고 잎도 크기 때문에 항상 수분을 유지해주는 것이 좋다.

웃거름(추비) 선택사항

모종을 심고 2주후 1차, 암꽃이 개화하고 과실이 착과되는 시기에 2차, 그 이후 15일 간격으로 2차례 더 웃거름을 준다.

수확하기

8월 말 지나서 나오는 손바닥만한 크기의 어린잎 줄기 호박잎이 제일 부드럽고 맛있다.

호박잎 줄기의 거친 겉껍질을 벗겨야 부드럽고 맛있다.

호박잎은 섬유소 비타민이 풍부하고 칼로리가 낮아서 다이어트에 좋으며 체내의 산화 물질을 없애주고 항암 효과도 가지고 있다.

수확시기는 품종, 기후 및 소비자의 기호에 따라 차이가 있으나 일반적으로 쥬키니 호박, 애호박, 풋호박은 착과 후 7~10일이면 수확이 가능하다.

늙은 호박은 개화에서 성숙, 완숙되기까지 70~80일 걸린다. 잘 성숙된 늙은 호박은 황갈색 과피에 흰색 분가루가 생기고, 과실자루는 황갈색으로 목질화가 되며 상처를 입지 않게 수확해야 장기간 저장할 수 있다.

병해충

• **주요 병해** : 탄저병, 바이러스병, 흰가루병
• **주요 충해** : 진딧물, 응애

20ℓ 화분에 맷돌호박 키우기

공심채

줄기의 속이 비어 있다 하여 공심채라 불리는 아열대 채소로,

잎은 대나무 잎을 닮은 심장형 모습이며 잎 주변이 곱슬거리는 형태이다.

특별한 병해충이 없어 재배가 쉬운 편이다.

학명	Impoea aquatica Forsk	재배 가능	텃밭, 옥상, 베란다
영명	water spinach	재배 난이도	★☆☆☆☆
원산지	동남아시아	파종방법	직파
분류	매꽃과	발아 특성	광무관 종자
토양산도	pH 5.5~6.5	싹트는 온도	20~25℃
토양	참흙에 다습한 토양	싹트는 기간	7일
영양성분	섬유질, 비타민 A, 칼슘, 마그네슘, 철분	일조량	5~8시간 이상
화분 크기	15ℓ 이상	평균 재배온도	25~32℃
재식거리	20~25cm	최저온도	0℃ 이하

재배 일정

구분	1			2			3			4			5			6			7			8			9			10			11			12		
	상	중	하	상	중	하	상	중	하	상	중	하	상	중	하	상	중	하	상	중	하	상	중	하	상	중	하	상	중	하	상	중	하	상	중	하
춘작												●	●	●																						

● 씨뿌리기　　▨ 수확

재배 과정

준비물 씨앗, 화분, 혼합상토, 물뿌리개

🌱 씨앗 심기

구멍당 2~3립 정도 씨뿌림 후 3~4cm
두께로 덮어 충분히 물을 준다.

새싹이 나오면 솎음 작업하여 1개체만
남겨 가꾼다.

물주기

공심채는 물을 좋아하기 때문에 수분
이 마르지 않도록 1일 1회 관리하고, 물
을 주는 횟수에 따라 수확량이 달라질
수 있다.

웃거름(추비) 선택사항

본잎이 생장하기 시작하면 2주 간격으
로 퇴비를 웃거름으로 준다.

수확하기

　파종 후 30일 정도면 수확이 가능하고, 줄기
가 30~40cm 정도 자라면 수확적기이다.
　가위로 1~2마디를 남기고 수확하면 며칠
후 바로 곁가지가 나와 자란다.

　6월 중하순부터 10월 서리 오기 전까지 5회
이상 수확이 가능하다.

병해충

• **주요 병해** : 갈색무늬병,
• **주요 충해** : 총채벌레, 담배거새미나방, 진딧물, 차응애, 파밤나방

7.5ℓ 화분에 공심채 키우기

생강

반음지성 식물인 생강은 햇빛 양이 많지 않아도 키울 수 있는 작물로,
생육온도는 25~30℃ 가 적당하고, 건조와 과습에 약해 유기물이 풍부하고
배수 및 보수력이 좋은 토양이 좋으며, 물은 3~4일에 한 번 정도 준다.
연작(같은 장소에 같은 작물을 심는 것)은 좋지 않으므로 피한다.

🌿 환경 조건

학명	Zingiber officinale	재배 가능	텃밭, 옥상, 베란다
영명	Ginger	재배 난이도	★★★☆☆
원산지	동남아시아	파종방법	파종, 모종
분류	생강과	발아 특성	광무관 종자
토양산도	pH 6.0~6.5	싹트는 온도	25℃
토양	배수 및 보수력이 좋은 토양	싹트는 기간	45~60일
종류	생강, 중생강, 대생강	일조량	5시간 이상
영양성분	탄수화물, 인, 식이섬유, 칼륨, 폴리페놀, 플라보노이드	평균 재배온도	15~20℃
		최저온도	10℃
화분 크기	15ℓ 화분	재식거리	25~30cm

재배 일정

월	1			2			3			4			5			6			7			8			9			10			11			12		
	상	중	하	상	중	하	상	중	하	상	중	하	상	중	하	상	중	하	상	중	하	상	중	하	상	중	하	상	중	하	상	중	하	상	중	하
일정												●	●																	▨	▨					

● 씨뿌리기   ▨ 수확

재배 과정

준비물   씨생강, 화분, 혼합상토, 물뿌리개, 모종삽

생강 싹 틔우기

생강을 바로 심으면 싹을 틔우는 기간이 한 달~한 달 반까지 오래 걸린다. 하지만 싹을 틔워 심으면 잎이 빨리 나오고 생육기간이 길어져 생강의 크기가 커진다.

싹을 틔울 때에는 비닐 봉투에 넣어 약간의 수분을 유지하며 햇빛이 잘 드는 따뜻한 곳에 둔다.

싹의 크기는 2~3mm 정도가 적당하며 기간은 25℃에서 10일 정도 걸린다.

생강심기

싹이 위로 가게 하고 포기 간격은 25~30cm, 깊이는 2~3cm로 얕게 심되 땅 위로 노출되지 않도록 한다.

물주기

물은 3~4일에 한번 정도 준다.

여름철에는 온도가 높고 수분이 많아지면 뿌리썩음병이 생길 수 있으므로 주의한다.

웃거름(추비) 선택사항

생육기간이 긴 만큼 6월 하순과 9월 상순에 완효성 비료나 퇴비를 준다.

수확하기

생강은 보통 10월에 가장 많이 수확한다. 10월 중순 이후 서리가 내리면 잎이 노랗게 변하고 생강이 땅 위로 보일 때 손으로 뽑거나, 호미로 상처가 나지 않도록 캐 준다.
수확한 생강은 햇빛에 잘 건조시킨 후 신문지에 돌돌 말아서 냉장 보관한다.

병해충

- **주요 병해** : 뿌리썩음병, 잎집무늬마름병, 무름병, 백성병, 저장병
- **주요 충해** : 파밤나방, 조명나방, 뿌리응애

7.5ℓ 화분에 마트 생강 키우기

옥수수

높이는 1~3m에 달하며, 꽃은 7~8월에 피는데, 수이삭은 줄기 끝에 달리며
3개의 수술만 가진 수꽃이 여러 개 달린다.
암이삭은 줄기의 중간 마디에 1~3개 달리며 수염은 암술대이며
껍질 밖으로 자라나서 꽃가루를 받는다.

🌿 환경 조건

학명	Zea mays L	재배 가능	텃밭, 옥상
영명	corn, maize	재배 난이도	★★★☆☆
원산지	남아메리카 북부 안데스 산맥, 멕시코	파종방법	직파, 모종
분류	벼과	발아 특성	광무관 종자
토양산도	pH 5.5~8.0	싹트는 온도	20~25℃
토양	배수가 잘되며 비옥한 토양	싹트는 기간	4~6일
종류	찰옥수수, 단옥수수, 초당옥수수	일조량	8시간 이상
영양성분	단백질, 칼슘, 인, 철, 비타민 B, 비타민 C	평균 재배온도	26~32℃
화분 크기	깊이 20cm 이상의 15~20ℓ 화분	최저온도	10℃
		재식거리	25cm

재배 일정

월	1			2			3			4			5			6			7			8			9			10			11			12		
	상	중	하	상	중	하	상	중	하	상	중	하	상	중	하	상	중	하	상	중	하	상	중	하	상	중	하	상	중	하	상	중	하	상	중	하
일정												●		▼						▦	▦	▦														

● 씨뿌리기　▼ 모종 심기　▦ 수확

재배 과정

준비물　씨앗, 모종, 화분, 혼합상토, 모종삽, 물뿌리개

🌱 씨앗 심기

씨앗은 약 25cm 간격으로 두 알씩 넣는다. 너무 이른 봄에 파종하면 새싹이 올라와서 늦서리에 피해가 있을 수 있어 4월 하순경이 좋다. 한꺼번에 심으면 일시에 수확되어 처치 곤란하기 때문에 가급적 1주일 또는 2주일 간격으로 나누어 심으면 오랫 동안 간식으로 이용할 수 있다.

모종 심기

화분에 심기 약 한 달 전에 파종하여 따뜻한 곳에서 관리하면 1개월 이상 빨리 수확할 수 있는 장점이 있다. 가까운 모종상에서 구입해 심어도 된다. 가을재배는 늦서리의 피해가 없도록 7월 상순 또는 중순경에 파종해야 한다.

물주기

건조하면 잎이 타들어가며 비료의 흡수도 불량하게 되어 생육이 부진하고 잎이 연녹색으로 된다. 흙은 언제나 촉촉하게 수분을 유지하도록 한다.

웃거름(추비) 선택사항

무릎 높이 정도 자랐을 때 잎이 약간 연노란색이 되면 비료가 부족하다는 신호이다. 이때 원예용 복합비료를 10~20g 정도 흩어 뿌린다. 비료분이 적으면 키가 적어지고 잎이 노란색이 되어 열매가 적

고 수량이 감소하는 반면 비료기운이 많으면 잎이 검어지고 키가 너무 크며 역시 열매의 맺힘이 부실해지고 병이 많아져 옥수수가 튼실하지 못할 수 있으니 적절한 비료관리가 필요하다.

수확하기

옥수수는 품종별로 조금씩 다르지만 보통 90~110일 정도 재배기간을 거치면 수확이 가능하다. 또 옥수수수염이 진갈색으로 변해 말라가면 수확시기라고 봐도 좋다. 이때 수확을 미루면 옥수수가 딱딱해져 먹는 식감이 좋지 않으니 지체없이 수확한다.

더 정확한 방법은 직접 옥수수 알을 확인하는 것이다. 껍질을 벗겨 옥수수 알을 눌러 보았을 때 살짝 자국이 남으면 수확적기이며 너무 물컹하면 다 익지 않은 상태이니 수확을 미루는 것이 좋다.

수확할 때는 먼저 맺힌 것과 나중에 맺힌 열매로 구별할 수 있는데 2~3회 나누어서 며칠 간격으로 수확하면 된다.

병해충

- **주요 병해** : 깨씨무늬병, 그을음무늬병, 검은줄오갈병, 깜부기병
- **주요 충해** : 파밤나방, 조명나방, 뿌리응애

화분에 초당옥수수 키우기

화분에 팝콘 옥수수 키우기

오크라

열대 지방에서는 다년생이나 우리나라와 같은 온대 지방에서는 1년생 초본으로 취급된다.
오크라는 늦가을 서리가 내릴 때까지 계속 수확이 가능하며 규칙적으로 수확해주면
수확량을 늘릴 수 있다. 꽃은 주로 오전에만 개화하고 자가 수분을 하지만,
벌과 같은 매개 곤충에 의해 수분 수정도 한다.

🌿 환경 조건

학명	Hibiscus esculentus	재배 가능	텃밭, 옥상, 베란다
영명	Okra, Ladies Finger	재배 난이도	★☆☆☆☆
원산지	아프리카 북동부	파종방법	직파, 모종
분류	아욱목	발아 특성	광무관 종자
토양산도	pH 6.0~6.5	싹트는 온도	24~32℃
토양	유기질이 풍부한 양토	싹트는 기간	7일
종류	녹색 오각종, 녹색 둥근종, 적색 오각종, 적색 둥근종	일조량	8시간 이상
		평균 재배온도	20~30℃
영양성분	칼슘, 인, 철분, 비타민C	최저온도	10℃
화분 크기	깊이 20cm 이상의 15ℓ 화분	재식거리	24cm

재배 일정

구분	1			2			3			4			5			6			7			8			9			10			11			12		
	상	중	하	상	중	하	상	중	하	상	중	하	상	중	하	상	중	하	상	중	하	상	중	하	상	중	하	상	중	하	상	중	하	상	중	하
오크라												●	●	●					▨	▨	▨	▨	▨	▨	▨	▨	▨	▨	▨	▨						

● 씨뿌리기　▨ 수확

재배 과정

준비물　씨앗, 모종, 화분, 혼합상토, 물뿌리개, 지주대

🌱 씨앗 심기

오크라는 육묘재배도 가능하지만 이식재배를 싫어하므로 직파 재배를 하는 것이 생육면에서 보다 유리하다.

포기 간격은 24cm로 한 구멍당 5~6립 정도를 파종한다. 파종 후 1cm 정도 복토를 하고 가볍게 눌러준다.

솎아내기

지온이 적당하면(20℃) 1주일 안에도 싹이 튼다. 본엽이 3매 정도가 될 때까지 한 구멍당 4개만 남기고 솎아준다.

적엽

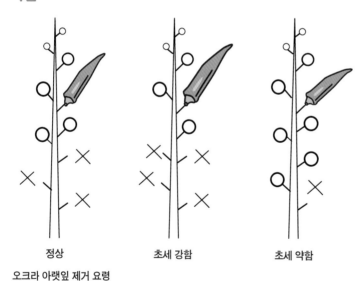

| 정상 | 초세 강함 | 초세 약함 |

오크라 아랫잎 제거 요령

오크라 원줄기는 2m 이상 자라고 잎이 커서, 포기 밑에 햇볕이 들어오기 어렵고 통풍도 나빠져 품질 저하 및 병해충이 발생된다. 수확할 때마다 아랫잎을 제거하여 햇볕이 잘 들고 통풍이 잘 되도록 해준다.

기본적으로 착협 마디 아래 1~2매 정도를 남기고 그 아랫잎은 제거해준다. 초세가 강할 경우에는 착협 마디까지의 잎을 제거해주고, 약할 경우에는 착협 마디 아래 3잎 정도를 남겨두고 적엽한다. 곁가지는 기본적으로 방임한다.

지주 세우기

줄기는 곧게 50~200cm까지 자라기 때문에 과실이 열리면 휘어지기 시작하니 지주대를 설치해 고정해준다.

물주기

건조한 날씨에 강한 것으로 알려져 있지만 실제로는 수분 스트레스에 민감하다. 따라서 물 부족으로 잎이 떨어지게 놓아두면 안 된다.

특히 여름에는 1일 2회 겉흙이 말랐을 때 화분 물구멍 밖으로 물이 충분히 나올 만큼 흠뻑 준다.

웃거름(추비) 선택사항

초세를 봐가면서 첫 번째 꽃이 필 때쯤 웃거름을 준다. 생육 상태를 보며 2회 정도 나누어 준다.

수확하기

꽃은 여름부터 가을에 걸쳐 피고 노란색이며 밤에 일찍 피어 다음날 오전 중에 떨어진다.

오크라의 식용 부위는 과실의 어린 꼬투리로, 개화 후 1주일 정도면 수확이 가능하다.

7월 중순경부터 수확이 시작되어 10월 중순까지 가능하며 8월 한여름이 수확 피크 시기이다.

오크라의 풋꼬투리의 생장은 개화 후

7~10일이 가장 빠르며, 13일 정도 지나면 길이가 최고치에 달한다. 수확은 아침에 하는데 수확 길이는 8~11cm 정도가 적당하며 적온에서 개화 후 4~5일 안에 수확한다.

수확시기가 지나면 속에 심이 생겨 과실이 단단해지고 식용으로서 가치가 떨어지므로 너무 늦게 수확하지 않도록 한다. 수확시기를 판단하기 어렵다면 과실의 맨 끝부분을 살짝 잡아 구부려 본다. 수확 적기라면 부드럽게 구부려지거나 끊어지지만, 이미 수확시기가 지난 것은 딱딱해져 있다.

해충

- **주요 병해** : 잘록병, 모자이크병, 입고병
- **주요 충해** :진딧물

작은 화분에도 계속 열리는 오크라 키우기

참외

참외는 햇빛이 강한 것을 좋아하는 고온성 채소로,

이른 봄 저온에 민감하여 피해를 받을 수 있다.

한 주에 암꽃, 수꽃이 따로 피기 때문에 순지르기의 원리를 이해해야 재배와 관리가 쉽다.

🌱 환경 조건

학명	Cucumis melo var, makuwa	재배 가능	텃밭, 옥상, 베란다
영명	Korean melon	재배 난이도	★★★★☆
원산지	인도	파종방법	직파, 모종
분류	박과	발아 특성	암발아 종자
토양산도	pH 6.0~6.8	싹트는 온도	25~30℃
토양	물 빠짐이 좋은 모래사질토	싹트는 기간	7일
종류	개구리참외, 은천참외, 백금참외	일조량	8시간 이상
영양성분	비타민 A, 비타민 B, 비타민 C, 칼슘 등	평균 재배온도	25~30℃
화분 크기	깊이 20cm 이상의 20ℓ 화분	최저온도	15℃
		재식거리	80cn~1m

재배 일정

구분	1			2			3			4			5			6			7			8			9			10			11			12		
	상	중	하	상	중	하	상	중	하	상	중	하	상	중	하	상	중	하	상	중	하	상	중	하	상	중	하	상	중	하	상	중	하	상	중	하
일정												●		🪴					▨	▨	▨	▨	▨	▨												

● 씨뿌리기   🪴 모종 심기   ▨ 수확

재배 과정

준비물   씨앗, 모종, 화분, 혼합상토, 물뿌리개, 모종삽, 유인망

🪴 씨앗 심기

씨앗은 한 구멍에 5~10mm 깊이로 1~2립씩 심는다. 발아 후에는 한 주만 자라도록 솎아준다.

모종 심기

모종은 구멍을 파고 물을 듬뿍 부은 후 한 포기씩 옮겨 심는다. 햇빛을 좋아하기 때문에 모종 간격은 양 옆으로 아들줄기가 뻗도록 1.5~2.5m가 적당하다.

유인망 설치

참외는 원줄기에서 아들줄기, 아들줄기에서 손자줄기까지 뻗어내면서 키워야 하는 작물이므로 비교적 큰 공간이 필요하다.

작물들이 자라나는 공간을 확보해주는 것은 매우 중요하다. 충분한 공간 확보를 해줘 통풍이 잘되면 병해충을 피할 수 있다.

순지르기(적심)

어미줄기의 본잎 4~5마디에서 순
지르기하여 곁순(아들줄기)이 나오게
한다.

순을 지른 줄기에서 곁순(아들줄
기)이 2~3개 나오는데 생육 속도가
비슷한 두개를 골라 키우고 나머지
곁순은 제거한다.

이 아들줄기가 길게 자라면서 다
시 곁순(손자줄기)이 나온다.

5~6마디 아래에서 나오는 곁순
은 모두 제거하고 그 이후에 나오는
곁순(손자줄기)을 키우면 1~2마디
에서 어린 참외가 달린 암꽃이 핀다.

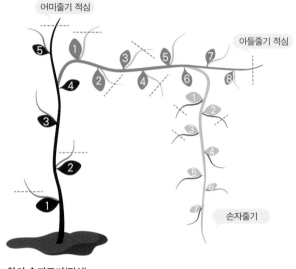

참외 순지르기(적심)

수꽃의 꽃가루를 암술머리에 수분시킨다.

어린 과실이 예쁘지 않으면 커서도 예쁘지 않으므로 어린 암꽃이 예쁜 것을 골라야 한
다. 참외가 맺히면 깔개를 받쳐주고 햇빛을 잘 받게 해준다.

물주기

모종을 심고 뿌리가 활착할 때까지 토
양수분을 충분히 준다.

5월 2~3일 1회, 본격적인 여름에는 잎
이 처지지 않도록 1일 1~2회로 준다.

168

웃거름(추비) 선택사항

모종을 심고 20일경부터 20일 간격으로 복합비료나 퇴비를 2~3번 준다.

수확하기

과실이 열린 후 23~25일경에 수확이 가능하다. 주당 달리는 열매는 6~10개로, 과실 색깔이 짙은 노란색을 띠고 골이 깊으며 과형이 짧은 원통형이 당도가 높고 육질이 아삭아삭한 과실이 가장 이상적인 과실이다.

병해충

- **주요 병해** : 뿌리썩음병, 잎집무늬마름병, 무름병, 백성병, 저장병
- **주요 충해** : 파밤나방, 조명나방, 뿌리응애

화분에 참외 키우기(참외 어떻게 자라나요?)

화분에 개구리참외 키우기

땅콩

땅콩은 생육 기간이 길고 고온에 적응하는 열대성 작물이다.

씨방이 자라서 땅속에 들어가 열매를 맺는 특성이 있으므로,

보통 밭이라면 쉽게 재배할 수 있다.

석회가 부족하면 빈 꼬투리가 생기기 쉬우므로 반드시 석회를 넣어준다.

환경 조건

학명	Arachis hypogaea L	재배 가능	텃밭, 옥상
영명	Peanut	재배 난이도	★★★☆☆
원산지	남아메리카	파종방법	직파, 모종
분류	콩과	발아 특성	광무관 종자
토양산도	pH 6.0~7.0	싹트는 온도	20℃
토양	모래참흙 또는 참흙땅	싹트는 기간	2일
영양성분	칼슘, 인, 철, 칼륨, 나트륨, 비타민 A, 비타민 E	일조량	8시간 이상
화분 크기	깊이 20cm 이상의 15~20ℓ 화분	평균 재배온도	25~30℃
재식거리	20~30cm	최저온도	12℃

재배 일정

구분	1 상	1 중	1 하	2 상	2 중	2 하	3 상	3 중	3 하	4 상	4 중	4 하	5 상	5 중	5 하	6 상	6 중	6 하	7 상	7 중	7 하	8 상	8 중	8 하	9 상	9 중	9 하	10 상	10 중	10 하	11 상	11 중	11 하	12 상	12 중	12 하
											●			▼												▨	▨	▨	▨	▨						

● 씨뿌리기   ▼ 모종 심기   ▨ 수확

재배 과정

준비물   : 씨앗, 모종, 화분, 혼합상토, 물뿌리개, 모종삽

🪴 씨앗 심기

씨앗 심기 전 하루 정도는 물에 넣어 불린 후 한 구멍에 2~3개 넣고 흙은 3cm 정도 덮는다

모종 심기

본잎이 2장일 때 모종을 한 곳에 2포기씩 심는다.

북주기

수정이 끝난 땅콩 꽃의 씨방에서 가느다란 줄기가 나오는데 이것을 자방병이라고 한다.

가느다란 자방병이란 씨방자루에서 땅콩이 달리기 때문에 흙 속으로 들어가기 쉽게 북주기를 한다.

물주기

파종에서 개화기까지는 강우가 많고 수확기에는 건조한 편이 좋다. 여름에는 잎이 처지지 않게 1일 1~2회 겉흙이 말랐을 때 물구멍 밖으로 물이 충분히 나올 만큼 흠뻑 준다.

172

웃거름(추비) - 선택사항

땅콩은 웃거름이 절대적으로 필요하지 않지만 첫 번째 꽃이 피면 퇴비를 준다.

수확하기

땅콩 수확은 반드시 첫 서리가 오기 전에 끝내야 한다. 서리를 맞으면 자방병이 약해져 수확할 때 떨어지는 꼬투리가 많아 수확 손실이 커진다.

몇 포기를 캐어 보거나 땅콩의 표면에 그물 무늬가 형성되고 잎이 노랗게 변했을 때 수확한다.

너무 오래 두면 땅속에서 자연발아하거나 꼬투리가 상하여 종자의 품질이 떨어지고 발아율도 낮으므로 미리 수확한다.

포기를 뽑아 흙을 털고 꼬투리를 따서 5~7일 정도 말린다.

병해충

- **주요 병해** : 갈색무늬병, 검은무늬병, 그물무늬병, 녹병
- **주요 충해** : 점박이응애, 굼벵이

4월 파종, 고소한 땅콩 키우기

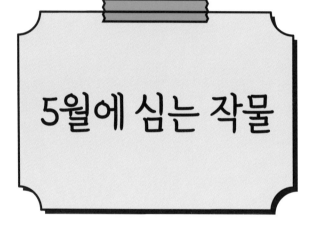

5월에 심는 작물

5월에 심는 작물

텃밭 농사를 한다면 5월은 가장 바쁘고 중요한 달이다. 심어야 할 작물이 많고 가꿔야 할 작물도 많은 5월이다.

씨앗부터 시작한다면 4월은 파종해 키우기 위한 시간들이고 시판되는 모종으로 텃밭을 시작한다고 해도 5월은 한해의 작물을 대부분 심고 가꾸는 시기인 것이다.

가을까지의 밥상을 풍성하게 해줄 5월의 주요 작물은 다음과 같다.

	가지 5월 상순		고구마 5월 상순
	깻잎 5월 상순		멜론 5월 중순
	여주 5월 중순		열매마 5월 상순
	열무 5월 상순	그 외에도 5월에 준비해야 할 작물(모종의 경우 포함)로는 고추, 옥수수, 비트, 대파, 오이, 브로콜리, 애호박, 토마토, 양배추, 수박 등이 있다.	

가지

가지묘를 키우기 위해서는 약 2~3달 정도의 기간이 소요되므로,

모종를 구입하는 것이 더 편하다.

웃거름과 물주기만 해도 쉽게 키울 수 있는 작물이며

1주만 키워도 가족들이 넉넉히 먹을 수 있을 정도로 수확량이 많다.

🌿 환경 조건

학명	Solanum melongena L	재배 가능	텃밭, 옥상, 베란다
영명	Eggplant	재배 난이도	★★★☆☆
원산지	인도	파종방법	모종
분류	가지과	발아 특성	암발아 종자
토양산도	pH 6.0~7.0	싹트는 온도	28~30℃
토양	통기성과 수분 함량이 충분한 토양	싹트는 기간	6~7일
종류	흑진주, 쇠뿔가지, 신흑산호, 가락장가지	일조량	8시간 이상
영양성분	폴리페놀, 안토시아닌, 섬유질	평균 재배온도	22~30℃
화분 크기	깊이 20cm 이상의 15~20ℓ 화분	최저온도	7~8℃
		재식거리	80~90cm

재배 일정

구분	1			2			3			4			5			6			7			8			9			10			11			12		
	상	중	하	상	중	하	상	중	하	상	중	하	상	중	하	상	중	하	상	중	하	상	중	하	상	중	하	상	중	하	상	중	하	상	중	하
생육 과정 (주요농작업)				●									▽																							

● 씨뿌리기   ▽ 모종 심기   ▨ 수확

재배 과정

준비물   모종, 화분, 혼합상토, 물뿌리개, 모종삽, 지주대, 끈

🪴 모종 심기

모종 심을 구덩이를 판 다음, 심을 때 너무 깊게 심지 말고 모종의 흙이 약간 보일 정도로 흙을 덮은 뒤 다시 물을 충분히 준다.

지주대 세우기

가지 모종을 심은 다음 150cm 정도의 지주대를 세우고 부드러운 끈으로 가지 줄기를 묶어준다. 가지는 햇빛을 좋아하는 작물이기 때문에 가지를 넓게 벌려 햇빛을 잘 받도록 해준다.

곁순 제거 & 잎 따기

가지는 기르면서 방아다리 아래 기존에 있던 잎은 그대로 두고 새롭게 나오는 곁순을 따줘 바람이 잘 통하게 해야 병에 걸리지 않고 튼실한 가지를 생산할 수 있다.

생리장해를 입은 잎이나 병든 잎 그리고 늙은 잎은 바로 제거한다.

물주기

평소에는 겉흙이 마르면 물을 주고, 한여름에는 가지 잎이 마르지 않도록 충분히 자주 준다.

웃거름(추비) 선택사항

모종을 심은 후 퇴비나 비료를 20일 간격으로 주기적으로 주면 열매가 잘 달린다.

수확하기

수확은 품종 및 온도에 따라 차이가 있지만 보통 개화 후 10~20일 사이에 단단해지기 전인 미숙 상태에서 수확한다.

가지가 수확시기를 놓쳐 과숙되면 쓴맛이 생기고 품질이 떨어진다.

병해충

• **주요 병해** : 풋마름병, 잿빛곰팡이병, 잎곰팡이병, 흰가루병
• **주요 충해** : 온실가루이(담배가루이), 응애, 총채벌레, 진딧물

화분에 2포기 키워 실컷 먹은 가지 키우기

고구마

마트에서 파는 고구마는 발아억제물질^{Blastokolin} 처리를 해서 발아에 적당한 환경 조건이

되더라도 발아하지 않고 휴면 상태를 유지한다.

다습과 추위에 약하고, 가뭄에도 약하다.

모래같이 물이 잘 빠지는 토양에서 물을 많이 주며 키워야 한다.

🌿 환경 조건

학명	Lpomoea batatas	재배 가능	텃밭, 옥상
영명	Sweet potato	재배 난이도	★★★☆☆
원산지	중앙아메리카	파종방법	육묘
분류	메꽃과	일조량	8시간 이상
토양산도	pH 5.5~6.8	평균 재배온도	15~35℃
토양	물빠짐이 잘되어 토양 통기가 양호한 사질 토양	재식거리	30cm
종류	밤고구마, 물고구마, 호박고구마, 자색고구마	싹트는 기간	3~5일
영양성분	탄수화물, 단백질, 지방, 식이섬유, 칼륨, 인, 철	싹트는 온도	30~33℃, 싹이 자랄 때 23~25℃`
화분 크기	깊이 20cm 이상의 15~20ℓ 화분		

재배 일정

구분	1			2			3			4			5			6			7			8			9			10			11			12		
	상	중	하	상	중	하	상	중	하	상	중	하	상	중	하	상	중	하	상	중	하	상	중	하	상	중	하	상	중	하	상	중	하	상	중	하

■ 모기르기 ▽ 모종 심기 ▨ 수확

재배 과정

준비물 씨고구마, 고구마순, 화분, 혼합상토, 물뿌리개, 고구마 이식기

육묘

가정에서 3월 상순경부터 수경재배로 키우면 대체로 40~50일 정도 걸린다.

줄기와 잎의 생육이 왕성해지면 고구마 생육에 적합한 온도(25℃)를 유지해준다.

🪴 모종 심기

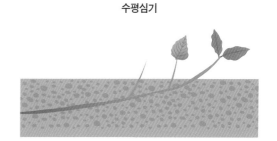

수평심기

고구마 순을 1~2일 정도 물에 담가 뿌리를 내준다. 20~25cm 간격으로 4~6마디가 땅속에 묻히고 2~3마디 생장순이 바깥으로 나오도록 수평으로 뉘어서 심는다.

생육 초기인 40~60일 동안에는, 토양 수분이 부족하지 않게 관리한다.

물주기

고구마를 심은 뒤 뿌리 활착이 빠르도록 물을 충분히 준다. 일주일 동안 화분의 흙이 마르지 않도록 확인하며 물을 준다.

고구마를 심은 뒤 뿌리가 활착하기 전까진 낮엔 힘없이 시들었다 살아났다를 반복하게 된다. 이 과정은 새로운 환경에 적응하는 단계이니 항상 수분이 마르지 않도록 관리가 필요하다.

뿌리내림은 지온의 경우 15° 이상의 온도가 필요하며 잘 정식된다면 한 달 후 몰라보게 잎과 줄기가 자라나는 것을 경험하게 될 것이다.

웃거름(추비)

질소 성분이 많고 가리 성분이 적을 경우 지상부만 무성하게 자라고 고구마의 수량이 적을 수 있기 때문에 고구마는 웃거름을 주지 않는다.

수확하기

고구마는 서리를 맞으면 쉽게 썩는다. 따라서 서리 내리기 전(중부지방은 10월 상순~중순, 남부지방은 10월 하순)에 수확한다.

수확한 고구마는 몇 시간 동안 햇빛에 그대로 두었다 흙이 마르면 털어내고 그늘에서 2~3일 말린다.

14℃ 기온만 유지하면 겨울도 넘길 수 있지만 껍질이 벗겨지거나 살이 다치지 않아야 저장할 때 문제가 없으니 주의한다.

병해충
- **주요 병해** : 덩굴쪼김병, 검은무늬병, 검은점박이병, 근부병
- **주요 충해** : 굼벵이, 담배거세미나방, 선충

화분에 2가지 실수로 망한 고구마 키우기

고추

고추 씨앗 파종은 2월에 시작해 싹이 트는데 비교적 많은 시간이 소요되며

고추묘를 키우기 위해서는 70~80일 정도의 기간이 필요하다.

일반적으로 모를 기르는 것이 까다로워 모종을 구입해 기른다.

🌿 환경 조건

학명	Capsicum annuum L	재배 가능	텃밭, 옥상, 베란다
영명	pepper(hot pepper, red pepper)	재배 난이도	★★★☆☆
원산지	남아메리카	파종방법	모종
분류	가지과	발아 특성	암발아 종자
토양산도	pH 6.0~6.5	싹트는 온도	28~30℃
토양	수분을 잘 보유하고 물빠짐도 잘되는 양토	싹트는 기간	4~5일
종류	풋고추, 꽈리고추, 청양고추	일조량	8시간 이상
영양성분	캡사이신, 비타민 C, 카로틴	평균 재배온도	25~30℃
화분 크기	깊이 20cm 이상의 15~20ℓ 화분	최저온도	10℃
		재식거리	40~50 cm

재배 일정

월	1			2			3			4			5			6			7			8			9			10			11			12		
	상	중	하	상	중	하	상	중	하	상	중	하	상	중	하	상	중	하	상	중	하	상	중	하	상	중	하	상	중	하	상	중	하	상	중	하
고추				●									▼							수확																

● 씨뿌리기　▼ 모종 심기　▨ 수확

재배 과정

준비물　모종, 화분, 혼합상토, 물뿌리개, 모종삽, 지주대, 끈

186

🪴 모종 심기

본잎이 10~11매 정도 전개되고 첫 번째 꽃봉오리가 맺혔거나 막 피었을 때 30cm 간격으로로 심는다.

고추묘의 뿌리가 흙과 잘 밀착되도록 심은 후 흙을 잘 덮은 뒤 충분히 물을 준다.

지주대 & 곁순 제거

비와 바람에 쓰러지는 것을 막기 위해서 고추를 심은 후 10일 정도 지나면 길이 120~150cm의 지주대를 꽂고 끈이나 줄로 묶어준다.

고추는 본잎이 10~11매 정도 나오면 줄기가 두세 개로 갈라지며(1차 분지, 방아다리) 그 사이에 첫 번째 꽃이 맺힌다. 이 첫 번째 꽃이 피는 지점을 방아다리라고 하는데 방아다리 아래 줄기와 잎사이로 나오는 곁순은 제거해준다.

물주기

잎이 시들지 않도록 약간 촉촉할 정도로 수분을 유지해준다.

웃거름(추비) 선택사항

1차 웃거름은 정식 후 35~40일 전후해서, 2차와 3차 웃거름은 30일 간격으로 준다.

수확하기

풋고추는 꽃이 피고 15일 정도, 홍고추는 45~50일 정도 지나면 수확할 수 있다.

과실이 맺고 시일이 지날수록, 자라는 온도가 높을수록 매운맛이 강하다.

병해충

- **주요 병해** : 역병, 탄저병
- **주요 충해** : 진딧물, 응애, 노린재, 거세미나방, 파밤나방, 총채

고춧가루가 비싸 직접 빻아 봤습니다

멜론

건조한 것을 좋아하고 비료가 많이 필요하지 않으며,

저온에는 약하나 고온에는 강하다.

비가 많이 오면 병이 많이 발생하기 때문에 미리 흰가루병 방제를 해줘야 한다.

🌿 환경 조건

학명	Cucumis melo Linnaeus	재배 가능	텃밭, 옥상
영명	Melon	재배 난이도	★★★★★
원산지	북아프리카	파종방법	직파, 모종
분류	박과	발아 특성	암발아 종자
토양산도	pH 6.0~6.8	싹트는 온도	28~30℃
토양	배수와 통기성이 좋은 토양	싹트는 기간	5~7일
종류	네트, 칸타루프, 허니듀, 하미, 파파야, 카나리 등	일조량	8시간 이상
영양성분	칼슘, 철, 마그네슘, 칼륨, 비타민C	평균 재배온도	20~30℃
화분 크기	깊이 20cm 이상의 15~20ℓ 화분	최저온도	15℃
		재식거리	40cm

재배 일정

월	1			2			3			4			5			6			7			8			9			10			11			12		
	상	중	하	상	중	하	상	중	하	상	중	하	상	중	하	상	중	하	상	중	하	상	중	하	상	중	하	상	중	하	상	중	하	상	중	하
일정											●	●	▼	▼																						

● 씨뿌리기   ▼ 모종 심기   ▨ 수확

재배 과정

준비물   씨앗, 모종, 화분, 혼합상토, 물뿌리개, 모종삽, 유인줄

🪴 씨앗 심기

상토에 발아 시 떡잎이 겹치지 않게 씨앗 간격 2cm, 깊이 0.5~0.7cm 정도로 묻는다.

파종 후 7~8일경 본잎이 나올 무렵 1주만 남기고 솎아준다.

모종 심기

모종 심기에 알맞은 모종의 크기는 본잎 3~4매 정도일 때 모종을 심고 약간의 물을 준다.

곁순 제거

초기 9~10마디까지 나오는 곁순은 모두 제거하고 원줄기만 키워 유인해준다.

유인하기

대체로 농가에서는 유인줄을 이용해 한 줄기를 세워서 과일 1개를 달아 키워 수확하는 방식이다.

줄기는 유인줄에 휘어 감싸면서 올려 주는데, 줄기가 부러지는 걸 방지하기 위해서다.

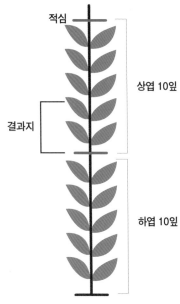

그림과 같이 아래로 하엽 10잎, 위로 상엽 10잎을 두고 적심한 후 중간에 열매를 두는 방식이다. 상엽은 멜론의 당도를 올리는 역할을 한다.

착과 및 적심

멜론은 11~13마디의 결과지에서 착과를 시켜주는데, 11~13마디의 결과지(곁순)의 첫마디 암꽃에 수정하고 3번째 마디에서 적심을 해준다.

열매는 주당 3과를 착과시켜 기형이나 배
꼽이 큰 것은 열매솎기하고 1과를 남긴다. 착
화할 마디에 확실히 암꽃이 피게 하는 것이
중요하다.

곤충이 아닌 인공수분은 오전시간에 수꽃
을 이용해 착과 마디의 개화한 암꽃에 수분시
킨다.

과실이 주먹 크기 정도 되면 줄기와 직각이 되도록 유인끈을 이용해 매달아준다.

물주기

모종을 심고 뿌리내리기까지는 토양에 수
분이 부족하지 않게 관리한다.

뿌리내림 후에는 점차 수분을 줄여 수정기
에는 건조하게, 멜론이 커지는 시기에는 다시
수분을 충분히 공급한다. 이후 수확기에는 토
양수분을 줄여 당도를 높여준다.

웃거름(추비) 선택사항

모종을 심고 20일 간격으로 1, 2차 웃거름
을 준다.

수확하기

멜론의 수확시기는 착과 후 50~55일 경으로, 착과한 마디의 덩굴손이 말랐거나 과피가 회녹색이고 네트가 연한 회색일 때 수확한다.

수확 후 서늘하고 직사광선이 들지 않는 곳에 2~7일 동안 후숙하여 먹는다.

병해충

• **주요 병해** : 덩굴마름병, 덩굴쪼김병, 노균병, 흰가루병, 무름병, 검은점뿌리썩음병, 역병

• **주요 충해** : 진딧물, 온실가루이, 응애, 꽃노랑총채벌레, 아메리카잎굴파리, 목화바둑명나방

화분에 메로나 맛 허니듀멜론 키우기

열무

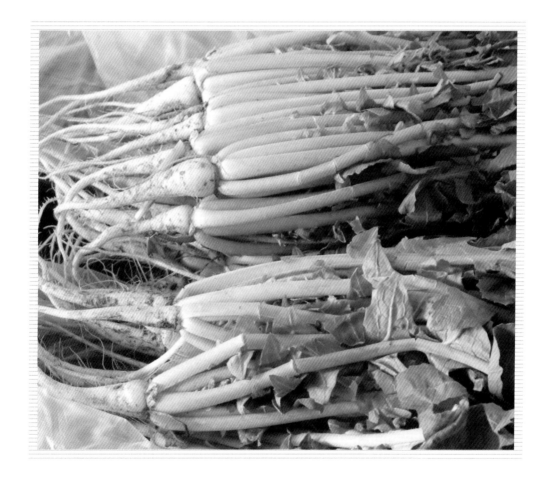

열무는 서늘한 기후를 좋아하며 추위와 더위에 약하다.

재배하기가 비교적 간단하고 생육 기간도 짧다. 열무가 잘 자라는 온도는 20℃ 전후이며

13℃ 이하로 떨어지거나 30℃ 이상이 되면 성장에 장애가 발생하고 식감이 떨어진다.

따라서 언제나 심을 수 있는 작물이지만 적합한 기온일 때 심도록 한다.

🌿 환경 조건

학명	Raphanus sativus L	재배 가능	텃밭, 옥상, 베란다
영명	young radish	재배 난이도	★★★☆☆
원산지	지중해 연안, 중국	파종방법	직파
분류	배추과	발아 특성	암발아 종자
토양산도	pH 5.5~6.8	싹트는 온도	15~30℃
토양	통기성과 수분 함량이 충분한 토양	싹트는 기간	4~5일
종류	흑엽열무, 참존열무, 새색시열무, 귀한열무, 여름춘향이열무, 진한열무, 청송열무	일조량	8시간 이상
		평균 재배온도	20~25℃
영양성분	비타민 A, 비타민 C, 무기질	최저온도	12~13℃
화분 크기	긴 직사각형 화분 또는 15ℓ	재식거리	20cm

재배 일정

월	1 상	중	하	2 상	중	하	3 상	중	하	4 상	중	하	5 상	중	하	6 상	중	하	7 상	중	하	8 상	중	하	9 상	중	하	10 상	중	하	11 상	중	하	12 상	중	하
일정													●				▨		●				▨													
																		●		▨		●				▨										

● 씨뿌리기　▨ 수확

재배 과정

준비물　씨앗, 화분, 혼합상토, 물뿌리개

🌱 씨앗 심기

열무는 20cm 간격으로 줄을 긋고, 1~2cm 간격으로 씨앗을 뿌린다.

씨앗을 뿌린 뒤에는 흙을 3mm 정도로 가볍게 덮고 물을 흠뻑 뿌려줘야 싹이 잘 올라온다.

솎아주기

싹이 올라온 상태를 봐서 지나치게 밀식되었으면 봄에는 2주일, 여름철에는 10일경에 발육부진, 웃자란 것 등을 먼저 솎아주고 어느 정도 자라면 북주기를 해준다.

물주기

열무는 건조에도 약하므로 날씨가 더운 여름철에는 하루에 한 번씩 물을 주는 것이 좋다. 물을 줄 때는 흠뻑 주도록 한다. 물뿌리개로 슬슬 뿌리면 표면만 젖을 뿐 열무 뿌리까지는 물이 거의 도달하지 않기 때문이다.

웃거름(추비) 선택사항

특별히 웃거름을 주지 않아도 되지만, 성장이 부진하다고 판단되면 물에 질소 비료를 녹여 잎에 조금만 뿌려준다. 질소 비료를 많이 주면 잘 자라는 것처럼 보이지만, 병에 약하고 벌레가 많이 꼬이므로 완숙 퇴비나 유기질 비료를 사용한다.

수확하기

열무는 너무 빡빡하게 심으면 웃자라기 쉽다. 따라서 조금 빽빽하게 심은 다음 큰 것을 수확하면 공간이 생겨 옆에 작은 것들이 잘 자란다.

봄에 파종한 작물은 40일, 여름에 파종한 작물은 30일이면 수확할 수 있다.

수확기를 넘기면 초여름부터 꽃대가 올라오므로 적기에 모두 수확하고 후속 작물을 심는 것이 좋다.

병해충

- **주요 병해** : 무름병, 연부병
- **주요 충해** : 벼룩잎벌레, 청벌레

15ℓ 화분에 다이소 열무 키우기

오이

오이는 특히 영양분을 아주 많이 필요로 하는 작물이고 초보자가 하기에는 힘들 수 있으니 꼼꼼한 체크가 필요하다. 암꽃과 수꽃이 한 주에 따로 피는 식물로, 성분화에는 온도와 일장(14시간 이상)의 영향을 받는다. 베란다에서도 키울 수 있지만 그만큼 토양의 질이 좋아야만 열매가 잘 맺히고 병충해에 걸리지 않는다.

🌿 환경 조건

학명	Cucumis sativus L	재배 가능	텃밭, 옥상, 베란다
영명	Cucumber	재배 난이도	★★★★☆
원산지	인도	파종방법	모종
분류	박과	발아 특성	암발아 종자
토양산도	pH 5.5~6.8	싹트는 온도	20~25℃
토양	유기물이 풍부하고 물 빠짐이 좋은 식양토	싹트는 기간	3~5일
종류	청장계, 다다기, 흑진주, 삼척계	일조량	8시간 이상
영양성분	칼륨, 비타민 A, 비타민 B, 비타민 C	평균 재배온도	20~22℃
화분 크기	깊이 20cm 이상의 20ℓ 화분	최저온도	0~2℃
		재식거리	30~40cm

재배 일정

월	1			2			3			4			5			6			7			8			9			10			11			12		
	상	중	하	상	중	하	상	중	하	상	중	하	상	중	하	상	중	하	상	중	하	상	중	하	상	중	하	상	중	하	상	중	하	상	중	하
봄													▼							▨	▨	▨	▨	▨	▨	▨										
여름														●							▨	▨	▨	▨	▨	▨										
가을																	●						▨	▨	▨	▨	▨									

● 씨뿌리기   ▼ 모종 심기   ▨ 수확

재배 과정

준비물   모종, 화분, 혼합상토, 물뿌리개, 모종삽, 유인망

🌱 모종 심기

텃밭에 오이 모종을 심을 때는 늦서리가 내리지 않는 5월 상순경에 심어야 안전한다.

바람이 없는 맑은 날을 택해 구덩이를 파고 35cm 간격으로 심어 물을 듬뿍 준다.

유인망 설치

잎이 5~6매 이상 자라면 좁은 면적에서는 유인망을 설치해 키워야 관리하기 편하다.

순지르기

다다기 원줄기에서 잘 달리므로 원줄기 6~7마디까지 달리는 암꽃은 일찍 제거하여 원줄기를 기른다.

조선(노각)오이 조선오이는 10마디 이후의 아들줄기에서 암꽃을 잘 피우므로 10마디 이전 곁순은 제거해주는 것이 좋다. 이후 아들줄기와 손자줄기에서 오이가 달리므로 이 곁순은 제거하지 않는다.

물주기

오이를 수확할 때마다 병들거나 노화된 잎은 계속 잘라줘서 통풍과 투광이 잘 되도록 해주고, 물을 줄 때는 잎사귀에 닿으면 노균병을 초래하므로 잎사귀에 닿지 않게 뿌리 주변에 준다.

물은 오전에 주는 것이 좋으며, 영양분이 부족하거나 물이 부족하면 허리가 잘록한 기형오이가 달리는데, 이런 오이는 보이는 대로 바로 따버리는 게 좋다.

물이 부족하면 맛이 쓰므로 가물 때나 수확기에는 자주 줄수록 좋다.

웃거름(추비) 선택사항

다다기는 장마기간까지 수학시기가 짧아 모종을 심은 후 1개월 정도 뒤, 첫 번째 암꽃의 과실이 커지는 시기에 웃거름을 준다.

조선오이는 정식 후 50여 일이 지나면 첫 수확이 가능하며, 장마 이후 계속해서 웃거름을 주며 관리하면 서리 내릴 때까지 수확할 수 있다.

수확하기

　모종 심기 후 약 30일 전후면 수확이 가능하다. 무게 150g 내외, 길이는 20~25cm 정도의 과실을 수확한다. 가능하면 하루에 한 번씩 적당한 크기의 오이를 수확하는 것이 품질도 우수하고 오래 수확이 가능하다.

병해충

- **주요 병해** : 흰가루병, 노균병, 잿빛곰팡이병
- **주요 충해** : 진딧물, 응애, 아메리카잎굴파리

옥상에 토종 노각오이 키우기

8월에 심는 작물

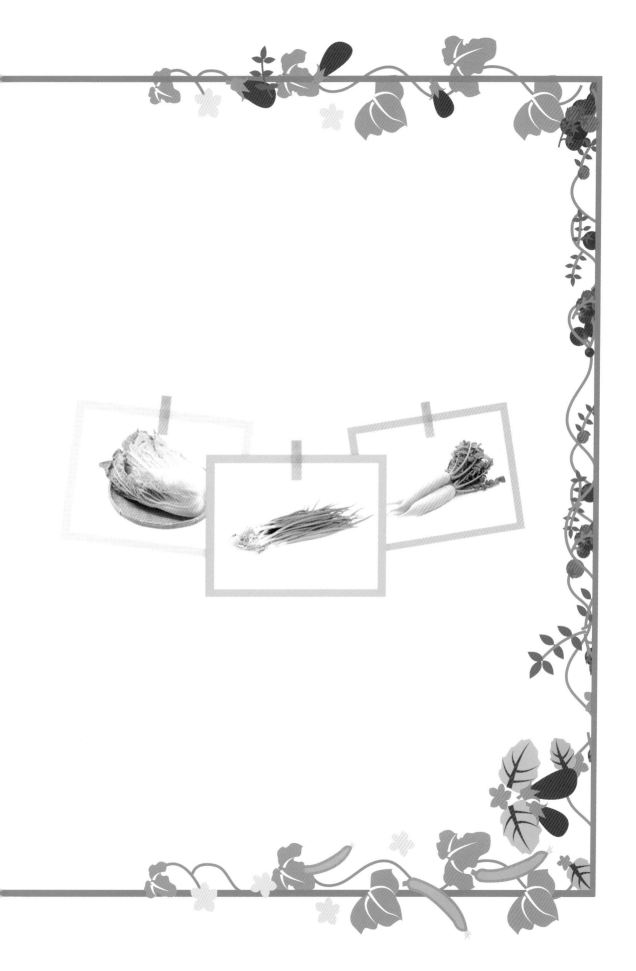

8월에 심는 작물

8월 하순을 넘기면 여전히 한 낮의 기온은 높지만 아침저녁으로는 더위가 한 풀 꺾여 가을이 가까워졌다는 걸 느끼기 시작한다.

가을은 온도가 점점 내려가고 일조량은 줄어들어 작물에 필요한 생육기간이 짧다. 8월은 아직 덥다고 생각하겠지만 이런 가을 특성에 맞게 각종 가을재배 농작물을 준비하는 시기이면서 다가올 겨울을 준비하는 아주 중요한 달이다. 이러한 계절적 특징 때문에 파종시기를 놓치면 수확하기가 어렵다.

텃밭이 아닌 화분재배는 8, 9월 마지막 재배를 마무리 하는 것이 좋다. 왜냐하면 텃밭과 다르게 화분은 지상에 노출되어 있어 추위에 민감하고 마늘과 같은 월동 작물을 키우기엔 관리도 어렵고 생산성이 낮다. 따라서 재배를 계속 이어가기보다는 10월과 11월 작물 수확에 중점을 두는 것이 합리적이다.

	당근 7월 하순		**김장무** 8월 중순
	김장 배추 8월 중순		**쪽파** 8월 하순

그 외에도 8월에 준비해야 할 작물로는 시금치, 김장배추, 콜라비, 알타리무, 상추, 열무, 대파, 비트 등이 있다.

김장무

김장무는 뿌리채소이기 때문에 모종을 심기보다는 씨앗을 파종하는 방식으로 재배하며
재배기간은 60~80일이다.

수확 전 무의 영양분을 잎에 빼앗긴다고 생각하여 잎을 따주는 경우가 있는데
잎은 무의 영양소를 생산하는 역할과 추위를 막아주는 역할을 한다.

또한 역할을 다한 겉잎은 스스로 떨어지기 때문에 잎을 따줄 필요는 없다.

환경 조건

학명	Raphanus sativus L	재배 가능	텃밭, 옥상, 베란다
영명	radish	재배 난이도	★★★☆☆
원산지	지중해 연안	파종방법	직파, 모종
분류	배추과	발아 특성	암발아 종자
토양산도	pH 5.5~6.8	싹트는 온도	15~34℃
토양	보수력과 물빠짐이 좋고 가벼운 토양	싹트는 기간	4~7일
종류	청두골드, 장생 품종 등	일조량	8시간 이상
영양성분	칼슘, 철, 비타민C	평균 재배온도	17~23℃
화분 크기	7.5~15ℓ 화분	최저온도	0℃
		재식거리	25~30cm

재배 일정

월	1			2			3			4			5			6			7			8			9			10			11			12		
	상	중	하	상	중	하	상	중	하	상	중	하	상	중	하	상	중	하	상	중	하	상	중	하	상	중	하	상	중	하	상	중	하	상	중	하
중부																							●							수확	수확					
남부																								●							수확	수확				

● 씨뿌리기   ▨ 수확

재배 과정

준비물   씨앗, 모종, 화분, 혼합상토, 물뿌리개, 모종삽

208

🌱 씨앗 심기

솎아내기 편하도록 씨앗끼리 간격을 두고 한 구멍에
1~3립씩 뿌린 후 5mm 깊이로 흙을 덮는다.

모종 심기

무가 자라면서 휘어지지 않도록 씨앗으로 파종
하지만 요즘은 모종으로도 나오기에 모종으로 심
어도 좋다.

솎아내기

구당 1립 파종했을 경우는 솎아낼 필요가 없으
나, 2립 이상 파종했을 경우 본엽이 1장 정도일
때 1차로 솎아주고, 본엽이 3장 정도일 때 2차로
솎아준다.

북주기

솎아내기가 끝나면 무가 제대로 설 수 있도록
주변의 흙을 덮어주어야 한다.
발아 상태가 양호하고 간격이 적당하면 솎아내
기, 북주기 및 1차 추비를 한꺼번에 작업하면 편
리하다.

물주기

배추와 같이 무가 커갈 때 가장 물이 많이 필요한 시기이다. 1~2일 1회 방식으로 수분을 유지하도록 한다.

수확 20일 전부터 물의 양을 줄인다. 수분이 많으면 무의 표면이 갈라지고 저장성이 떨어지기 때문에 수확 시기에는 물 주기를 2~3일 1회로 줄인다.

웃거름(추비) 선택사항

파종 후 20~30일 간격으로 각각 요소→복합비료 →NK비료 순으로 웃거름을 준다.

수확하기

무 파종과 수확기간은 지역마다 조금씩 차이가 있으며 무의 수확시기가 오면 뿌리의 $\frac{1}{3}$ 정도가 노출되기 때문에 기온이 영하로 내려가기 전에 수확해야 한다.

무는 4~5℃의 저온에서 보관하는 것이 좋으며 집에서 소량으로 보관할 경우 무청을 잘라 신문지로 감싸준 뒤 냉장고의 야채칸이나 서늘한 곳에 보관하면 된다.

병해충

- **주요 병해** : 연부병, 무름병, 무사마귀병, 검은무늬병
- **주요 충해** : 벼룩잎벌레, 배추좀나방, 진딧물

화분에 다이소 김장무 모종으로 키우기

알타리무
(총각무)

총각무는 4월과 9월에 파종할 수 있으며, 60일 정도면 수확할 수 있어서 얼갈이로 재배하기 적당하다. 총각김치, 동치미 등으로 활용할 수 있고 흩뿌려 심은 뒤 중간중간 솎아 먹기에도 적합한 작물이다.

김장 무처럼 총각무 역시 땅속 깊이 뿌리 내리는 작물이므로 밭을 깊고 곱게 갈아주어야 한다. 밭이 딱딱하면 뿌리가 잘 내려가지 못하고, 돌이나 나뭇가지 등이 있으면 뿌리가 갈라진다.

재배 일정

착형별/월별		1			2			3			4			5			6			7			8			9			10			11			12		
		상	중	하	상	중	하	상	중	하	상	중	하	상	중	하	상	중	하	상	중	하	상	중	하	상	중	하	상	중	하	상	중	하	상	중	하
텃밭	영동(강릉)													●			▨	▨	▨							●			▨	▨	▨						
	북부(서울)														●					▨	▨			●					▨	▨							
	중부(대전)												●				▨	▨	▨	▨	▨					●			▨								
	남부(부산.광주)												●				▨	▨	▨	▨						●											

● 씨뿌리기　▨ 수확

재배 과정

준비물　씨앗, 모종, 화분, 혼합상토, 물뿌리개

🌱 씨앗 심기

한 구멍에 씨앗 2~3개 정도를 점뿌림 하여 10~15cm 간격으로 파종한다.

파종 후 충분히 물을 주면 4~5일 후 발아가 된다.

솎아내기

알타리무는 수분이 충분하면 씨앗을 뿌리고 4~5일 정도면 싹이 나오는데, 파종 1~2주 후 1차 솎음 작업을 하고, 3주에 2차 작업을 해서 최종적으로 알타리무 간격을 10cm 정도 유지해야 생육이 좋다.

총각무를 솎아낼 때는 생육이 나쁜 것, 벌레가 많이 먹은 것 순으로 솎아내어, 최종적으로 가장 튼실한 한 포기를 재배한다.

물주기

재배 기간이 짧은 만큼 첫 한 달 동안 물을 얼마나 충분히 주느냐에 따라 생육이 크게 달라진다. 1~2일 1회가 적당하다.

웃거름(추비) 선택사항

재배 기간이 짧은 작물이므로 밑거름을 충분히 주는 것으로 거름주기를 끝낸다. 다만 성장이 둔하거나 잎이 연두색을 띨 경우 거름이 부족하다는 것이므로 효과가 빠른 비료를 준다.

수확하기

총각무는 씨를 뿌리고 50~60일 정도면 뿌리가 10~15cm 정도로 자라는데, 이때 수확하면 된다. 봄 파종은 50일 정도, 가을 파종은 60일 정도에 수확하면 된다.

수확이 늦어지면 꽃대가 올라오고, 줄기가 두꺼워지며 뿌리는 아삭함보다는 푸석 푸석하게 되거나 매우 딱딱해진다. 따라서 늦은 수확보다는 차라리 조금 일찍 수확하는 것이 유리하다.

봄 파종은 늦어도 장마 전에는 수확을 마치고, 가을 파종은 늦어도 서리가 내리기 전에 수확을 끝내야 한다. 서리를 맞으면 잎이 질기고, 뿌리가 딱딱해진다.

병해충

- **주요 병해** : 세균성 점무늬병, 세균성 흑반병,
- **주요 충해** : 벼룩잎벌레, 진딧물, 배추좀나방

화분에 다이소 알타리무(총각무) 키우기

과일무
(수박무)

근형은 일반무와 비슷한 형태의 둥근 무다. 근피색은 흰색과 녹색이고, 속은 수박처럼 붉은색을 띠고 있다.

가을재배에 적합한 품종으로, 봄파종 시 추대의 위험이 있다.

일반 무에는 없는 항산화물질인 안토시아닌 성분이 풍부하다.

재배 일정

지역별		1 상	1 중	1 하	2 상	2 중	2 하	3 상	3 중	3 하	4 상	4 중	4 하	5 상	5 중	5 하	6 상	6 중	6 하	7 상	7 중	7 하	8 상	8 중	8 하	9 상	9 중	9 하	10 상	10 중	10 하	11 상	11 중	11 하	12 상	12 중	12 하
중부	서울(표준)																						●							▨	▨	▨					
	대전(표준)																								●							▨	▨				
남부	부산·광주																									●							▨	▨			

● 씨뿌리기　▨ 수확

재배 과정

준비물　씨앗, 화분, 혼합상토, 모종삽, 물뿌리개

🪴 씨앗 심기

한 구멍에 1~3개 정도의 씨앗을 점뿌림 한다. 씨앗 간의 간격은 5cm 이상이 좋다.

파종 후 물을 충분히 주면 2~4일 후 발아가 된다.

솎아내기

본잎이 1장일 때 1차 솎아주고, 3장일 때 2차로 솎아준다.

솎아낼 때는 생육이 나쁜 것, 벌레가 많이 먹은 것 순으로 솎아내고, 최종적으로 가장 튼실한 한 포기를 재배한다.

물주기

겉흙이 마르면 흠뻑 준다. 1~2일 1회를 주다가, 수확 10일 전부터는 무의 표면이 갈라지고 저장성이 떨어지기 때문에 2~3일 1회로 줄인다.

웃거름(추비) 선택사항

파종 후 30일 정도에 비료를 준다.

수확하기

파종 후 70~80일에 지름이 약 7cm 이상 되면 수확한다.

수확할 때는 손으로 뿌리채 잡아 뽑으며, 수확이 늦으면 무가 갈라질 수 있다.

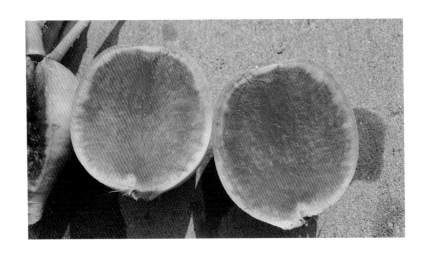

청포도님 요청 준비물화분에 과일무(수박무) 키우기

218

김장배추

모종을 심기 5~7일 전 배추의 뿌리혹병을 방제하기 위해서

석회와 붕사를 반드시 주는 것이 좋다.

봄, 여름, 가을 등 계절별 재배 가능한 품종을 선택해야 한다.

봄 재배에 가을 재배용 품종을 사용하면 추대가 발생해 전혀 수확하지 못할 수도 있다.

🌿 환경 조건

학명	Brassica rapa L. ssp. pekinensis	재배 가능	텃밭, 옥상, 베란다
영명	kimchi cabbage	재배 난이도	★★★★☆
원산지	중국 북부지방	파종방법	직파, 모종
분류	배추과	발아 특성	광발아 종자
토양산도	pH 5.5~6.8	싹트는 온도	15~34℃
토양	보수력과 물빠짐이 좋고 가벼운 토양	싹트는 기간	2~5일
종류	노랑김장배추, 금빛배추, 휘파람 등	일조량	8시간 이상
영양성분	칼슘, 비타민C, 섬유질	평균 재배온도	18~20℃
화분 크기	20ℓ 화분	최저온도	-6℃
		재식거리	30~40cm

재배 일정

월	1			2			3			4			5			6			7			8			9			10			11			12		
	상	중	하	상	중	하	상	중	하	상	중	하	상	중	하	상	중	하	상	중	하	상	중	하	상	중	하	상	중	하	상	중	하	상	중	하
일정																							●		▼											

● 씨뿌리기   ▼ 모종 심기   ▨ 수확

중부 8월중순~8월하순/남부8월 하순~9월상순/남부해안 제주도 9월 상순~9월 하순

재배 과정

준비물 씨앗, 모종, 화분, 혼합상토, 물뿌리개, 모종삽, 플러그 트레이

🌱 씨앗 심기

플러그 1구의 중앙에 씨앗을 1cm 깊이로 파종한다. 1년 이상 묵은 종자 또는 품종명이 확실하지 않은 재래종의 경우 간격을 두고 2~3립 정도를 파종하는데 씨앗끼리 파종하여 1주만 남기고 솎아낸다.

모종 심기

본엽이 5매 정도 자랐을 때 30~40cm 간격으로 넓게 모종 심기를 해 준다.

모종을 심고 물을 충분히 준 후 마른 흙으로 다시 덮어서 물의 증발을 막아 뿌리의 활착을 유도하는 것이 좋다.

물주기 & 배추 결구시기

배추의 잎들이 꽃 모양처럼 속이 드는 것을 결구라고 한다.

배추의 결구시기는 모종 심기 이후 20~30일경으로, 처음 배추를 심을 때는 배추가 새싹처럼 펴져 있지만 결구시기가 되면 흔히 우리가 아는 배추의 모양을 만들어가기 시작한다.

결구시기는 배추의 무게가 가장 많이 증가하는 시기로, 배추의 90% 이상이 수분으로 되어 있어, 건조에 약하기 때문에 이 시기에는 1일 1회 물주기를 한다.

웃거름(추비) 선택사항

모종을 심고 15~20일 간격으로 요소→복합비료→NK비료 순으로 웃거름을 준다.

수확하기

김장배추를 목적으로 재배하는 배추는 너무 늦게 수확하면 동해 피해를 받기 쉬우며 배추의 품질이 떨어지므로 적기에 수확하는 것이 좋다.

텃밭에서는 -3℃ 정도 되면 겉잎이 어는데 얼었을 때에는 수확하지 말고 그대로 두었다가 기온이 올라 얼었던 부분이 녹았을 때 수확한다.

김장배추 수확시기는 90일로, 중부지역은 10월 하순~11월 상순경. 남부지방의 경우 11월 중순~11월 하순까지로, 수확한 배추는 겉잎을 2~3매 정도 제거하고 2~3일 정도 음지에서 건조시킨 후 신문지에 싸서 얼지 않을 정도의 서늘하고 어두운 장소에 세워 보관한다면 오랜 기간 저장이 가능하다.

병해충

- **주요 병해** : 뿌리혹병, 바이러스병, 노균병, 무름병
- **주요 충해** : 진딧물, 좀나방, 파밤나방

망한 김장배추 재배 실수

쪽파

쪽파는 휴면이 타파된 7월 중순경부터 재배할 수 있으나

대부분은 김장용 재배이므로, 8월 하순~9월 상순에 파종하여 10~11월경에 수확한다.

쪽파는 다소 빛이 적은 환경에서도 잘 자라 실내 직사광선이 비추는 곳에서도 키우기 좋다.

🌱 환경 조건

학명	Allium wakegi	재배 가능	텃밭, 옥상, 베란다
영명	Shallot	재배 난이도	★★★☆☆
원산지	아시아	파종방법	직파
분류	백합과	발아 특성	광무관 종자
토양산도	pH 5.7~7.4	싹트는 온도	15~25℃
토양	배수가 좋은 모래땅	싹트는 기간	3~4일
영양성분	비타민C, 비타민A, 철분	일조량	5~8시간 이상
화분 크기	길이 7㎝ 이상 사각화분 또는 15ℓ 화분	평균 재배온도	15~20℃
재식거리	20×10㎝		

재배 일정

월	1			2			3			4			5			6			7			8			9			10			11			12		
	상	중	하	상	중	하	상	중	하	상	중	하	상	중	하	상	중	하	상	중	하	상	중	하	상	중	하	상	중	하	상	중	하	상	중	하
일정									▨	▨	▨	▨												●	●			▨	▨	▨						

● 씨뿌리기   ▨ 수확

재배 과정

준비물   씨쪽파(종구), 화분, 혼합상토, 물뿌리개, 모종삽

🌱 씨쪽파(종구) 심기

골 사이 20cm, 포기 사이 10cm 간격
으로 큰 것은 1개, 작은 것은 2~3개를
붙여서 2~3cm 깊이로 심는다. 이때 씨
쪽파가 넘어지지 않도록 한다.

물주기

건조한 것을 좋아하는 작물이다.
물을 많이 주면 뿌리가 상한다.
  2~3일 1회.

웃거름(추비) 선택사항

파종 후 잎이 3~4매 나왔을 때
(10cm정도) 1회 웃거름을 주고 물을
충분히 준다.
  쪽파 뿌리는 연약하기 때문에 비
료가 닿으면 상하므로 직접 닿지 않
게 준다.

수확하기

봄 재배는 4월상순에서 5월상순에 파종하여 6~7월에 수확하고 가을 재배는 8월에 파종하여 10~11월에 수확한다.

특별한 수확시기 없이 필요할 때 수확하는데 종구을 심은 후 40일부터 수확이 가능하다.

씨 쪽파로 쓸 것은 잎이 다 마르면 수확하여 잘 말려 두고 다음해 종구로 사용한다.

병해충

- **주요 병해** : 노균병, 잿빛곰팡이병
- **주요 충해** : 고자리파리, 총채벌레 등

텃밭이 아닌 화분에 쪽파 키우기

226

섞어짓기(혼작)

한 곳에 두 가지 이상의 작물을 심는 일을 말한다.

쉬운 예로 큰 식물이나 잎이 무성한 식물은 그늘이 자연스럽게 발생하는데 그곳은 약한 빛을 좋아하는 식물에게 최적의 장소가 된다.

식물끼리 여러 면에서 서로 영향을 준다는 개념이기에 텃밭을 가꾸는 일은 어떤 작물이 어떻게 어울리는지 한 번쯤 고민해봐야 한다.

섞어짓기 좋은 채소와 피해야 할 채소

	좋은 채소	피해야 할 식물
가지	땅콩(질소를 고정시켜 잘 자람)	옥수수(잘 자라지 못함)
	부추(토양 병해를 막아줌)	
	파슬리(해충을 막고 땅이 마르지 않게 함)	
감자	콩, 옥수수, 브로콜리, 양배추	오이, 토마토, 피망(잘 자라지 못함)
강남콩	옥수수, 감자(해충을 막아줌)	
고추	배추, 양배추(배추흰나비를 막아줌)	
당근	상추, 양파, 토마토, 무, 20일무	딜(잘 자라지 못함)
마늘	토마토 등 대부분의 채소와 잘 어울림	가지, 콩류
메론	파(토양 병해를 막아 잘 자라게 해줌)	감자
무	당근, 오이, 딜, 상추	파(뿌리가 구불거리고 잘 자라지 못함)
20일무	바질, 콩, 당근, 오이, 상추(병해를 막아줌)	양배추, 포도, 시금치
배추	금잔화(해충을 막아줌)	-
부추	토마토	-
브로콜리	샐비어, 상추(해충을 막아줌)	해바라기
	오이, 양파, 감자, 시금치	
상추	브로콜리, 양배추 등 배추과 채소	부추(잘 자라지 못함)
	당근, 양파(병해를 막아줌)	-

	좋은 채소	피해야 할 식물
생강	오이(오이가 그늘을 만들어 생강이 잘 자람)	-
수박	옥수수(해충을 막아줌)	-
	대파(토양 병해를 막아줌)	-
시금치	파(해충을 막아주고, 잎마름병 예방)	브로콜리, 양배추, 무
쑥갓	배추과 채소류(해충을 막아줌)	-
양배추	상추, 샐러리 (배추흰나비, 배추좀나방, 도둑나방을 막아주고 잡초를 억제)	포도, 무, 딸기, 해바라기
	당근, 오이, 양파, 감자, 시금치	
양상추	당근, 오이, 마늘, 딸기, 양파	브로콜리
양파	캐모마일, 토마토, 양상추(병해충을 막아줌)	콩
오이	대파, 콩, 브로콜리, 양바추, 옥수수, 20일무, 토마토 (토양 병해를 막고 잘 자라게 함)	감자(느리게 자람)
옥수수	감자, 콩, 오이	
완두콩	가지, 콩류, 당근, 오이, 토마토, 옥수수	차이브, 마늘, 양파
참깨	토란, 호박(각시나방애벌레를 막아줌)	
콩	브로콜리, 양배추, 당근, 옥수수, 오이, 감자	딸기, 양파(잘 자라지 못함)
토마토	땅콩(저항성이 커져 잘 자라고 잡초를 억제)	감자(잘 자라지 못함)
	부추(병해충을 막아줌)	
	당근, 양파, 오이	
파	시금치, 오이(해충을 막아주고 품질이 좋아짐)	
피망	가지	콜라비
호박	대파, 옥수수(토양 병해를 막아줌)	감자(잘 자라지 못함)

알기 쉬운 농업 용어

㉠			㉡		
	가리(加里)	칼리, 칼륨		낙화생(落花生)	땅콩
	가식(假植)	임시 심기		난형(卵形)	알모양
	가온(加溫)	온도 높임		난황(卵黃)	노른자위
	갈반병(褐斑病)	갈색점무늬병, 갈반병		내병성(耐病性)	병 견딜성
	갈색엽고병(褐色葉枯病)	갈색잎마름병		내한(耐旱)	가뭄 견딤
	개화기(開花期)	꽃필 때	㉢	도장(徒長)	웃자람
	객토(客土)	새흙넣기		도장지(徒長枝)	웃자람 가지
	경엽(莖葉)	줄기와 잎		동해(凍害)	언 피해
	경운(耕耘)	흙 갈이	㉣	만생종(晩生)	늦씨, 늦게 가꾸는 씨앗
	경작(硬作)	짓기		묘(苗)	모종
	경작지(硬作地)	농사땅, 농경지		무경운(無耕耘)	갈지 않음
	고갈(枯渴)	마름		무기질토양(無機質土壤)	무기질 흙
	고사(枯死)	말라죽음		미숙과(未熟課)	선열매, 덜 여문 열매
	고온장일(高溫長日)	고온으로 오래 볕쬐기	㉥	발아(發蛾)	싹트기, 싹틈
	고토(苦土)	마그네슘		발아적온(發芽適溫)	싹트기 알맞은 온도
	과번무(過繁茂)	웃자람		발아촉진(發芽促進)	싹트기 촉진
	관수(灌水)	물주기		방목(放牧)	놓아 먹이기
	관주(灌注)	포기별 물주기		배수(排水)	물빼기
	광발아 종자(光發芽種子)	볕발이씨		배수구(排水溝)	물 뺄 도랑
	광엽(廣葉)	넓은 잎		배수로(排水路)	물 뺄 도랑
	괴경(塊莖)	덩이줄기		배토(培土)	북주기, 흙 북돋아 주기
	괴근(塊根)	덩이뿌리		보수력(保水力)	물 지닐 힘
	구근(球根)	알 뿌리		보식(補植)	메워서 심기
	균핵(菌核)	균씨		복엽(腹葉)	겹잎
	균핵병(菌核病)	균씨병, 균핵병		복토(覆土)	흙덮기
	근부병(根腐病)	뿌리썩음병		부숙(腐熟)	썩힘
	기공(氣孔)	숨구멍		부숙퇴비(腐熟堆肥)	썩은 두엄
				비료(肥料)	거름

㉯	사양토(砂壤土)	메워서 심기		염기성(鹽基性)	알칼리성
	사토(砂土)	겉잎		엽고병(葉枯病)	잎마름병
	산성토양(酸性土壤)	흙덮기		엽맥(葉脈)	잎맥
	상토(床土)	썩힘		엽면살포(葉面撒布)	잎에 뿌리기
	수경재배(水耕栽培)	썩은 두엄		엽면시비(葉面施肥)	잎에 거름주기
	수고병(穗枯病)	거름		엽채류(葉菜類)	잎채소류, 잎채소붙이
	수병(銹病)	모래참흙		외래종(外來種)	외래품종
	수분(水分)	모래흙		우량종자(優良種子)	좋은 씨앗
	수분수(授粉樹)	산성흙		유황(黃)	황
	수용성(水溶性)	모판흙		육묘(育苗)	모기르기
	수용제(水溶劑)	물로 가꾸기		윤작(輪作)	돌려짓기
	수정(受精)	이삭마름병		이식(移植)	옮겨심기
	수화제(水和劑)	녹병	㉰	자방(子房)	밑씨를 담고 있으며 열매가 됨
	수확(收穫)	물기		자방병(子房病)	씨방
	식재거리(植栽距離)	가루받이 나무		작황(作況)	씨방자루
	식토(植土)	물에 녹는		장일성식물(長日性植物)	되는 모양, 농작물의 자라는 상황
◎	액비(液肥)	물녹임약		장일처리(長日處理)	긴볕 식물
	액제(液劑)	정받이		재식(栽植)	긴볕 쬐기
	액체비료(液體肥料)	물풀이약		재식거리(栽植距離)	심기
	어분(魚粉)	거두기		재식면적(栽植面積)	심는 거리
	어비(魚肥)	심는 거리		재식밀도(栽植密度)	심는 면적
	역병(疫病)	질흙		적과(摘果)	심음배기, 심었을 때 빽빽한 정도
	연화병(軟化病)	물거름, 액체비료		적심(摘芯)	열매솎기
	액제(液劑)	물약		적엽(摘葉)	순지르기
	액체비료(液體肥料)	물거름		적화(摘花)	잎따기
	어분(魚粉)	생선가루		절간(節間)	꽃솎기
	어비(魚肥)	생선거름		종자(種子)	마디사이
	역병(疫病)	돌림병		주(株)	씨앗, 씨
	연화병(軟化病)	무름병		지주(支柱)	포기, 그루
	열과(裂果)	열매터짐, 터진열매		직파(直播)	곧 뿌림

ㅊ	차광(遮光)	볕가림	ㅎ	하지(夏枝)	여름 가지
	착과(着果)	열매 달림, 달린 열매		한랭사(寒冷紗)	가림망
	착근	뿌리 내림		해충(害蟲)	해로운 벌레
	채종(採種)	씨받이		혼식(混植)	섞어심기
	최아(催芽)	싹 틔우기		혼용(混用)	섞어쓰기
	추대(抽薹)	꽃대 신장, 꽃대 자람		혼작(混作)	섞어짓기
	추비(追肥)	웃거름		화경(花梗)	꽃대
	추파(秋播)	덧뿌림		화분(花粉)	꽃가루
	춘파(春播)	봄뿌림		화아(花芽)	꽃눈
	춘파재배(春播栽培)	봄가꾸기		화아분화(花芽分化)	꽃눈분화
ㅍ	파종(播種)	씨뿌림		화아형성(花芽形成)	꽃눈형성
	포복(匍匐)	덩굴 뻗음		화채류(花菜類)	꽃채소
	폭(幅)	너비		화학비료(化學肥料)	화학거름
	표층시비(表層施肥)	표층 거름주기, 겉거름 주기		활착(活着)	뿌리내림
	표토(表土)	겉흙		후숙(後熟)	따서 익히기, 따서 익힘
	피복(被覆)	덮개, 덮기		휴면기(休眠期)	잠잘 때
	피복재배(被覆栽培)	덮어 가꾸기			

참고 자료

농촌진흥청의 농사로   www.nongsaro.go.kr

텃밭상식사전시리즈 N포스트 : LG화학

이미지 저작권

표지 및 본문

www.shutterstock.com, photo-ac.com, pixabay.com

www.freepik.com, commons.wikimedia.org

더덕(91p) CC-BY-SA-4.0 : Joyakdol

참고 도서

참 쉬운 베란다 텃밭 가꾸기   야미가든 혜지원

베란다 텃밭 가꾸기   문지혜 외 1인 하서

텃밭 백과   박원만 들녘